世界で一番気になる

地図帳

おもしろ地理学会［編］

青春出版社

世界と日本がよくわかる最強の地理教室

世界地図を眺めていると、さまざまな疑問につきあたる。国連旗の世界地図はなぜ北極が中心なのか。どうしてバージン諸島は二つあるのか。ヨーロッパとアジアの境界線はどこにあるのか…。グローバル化が進行する中、地球は日々狭くなっているといわれるが、メディアが伝える情報は、世界のごく一部を切り取ったもの。世界地図一つをとっても、私たちが知らない話がまだまだ溢れかえっている。

それは、日本地図も同じこと。日本の面積は約37万平方キロと、世界のたった0・25%に過ぎないが、南北3000キロにも伸び、この狭いはずの国は、こと〝長さ〟に関しては、中国にもアメリカにも引けをとらない。そのため、日本の地形は隅から隅まで見どころだらけ、謎と不思議の宝庫なのである。

本書は、大好評を博した『世界で一番おもしろい地図帳』の刊行から一年、「地図帳」のさらなる「なぜ?」に迫るものである。学校では決して教えてくれない「地図帳」の裏のウラまで楽しんでいただけるものと確信している。

２００６年５月

おもしろ地理学会

世界で一番気になる地図帳●目次

第I部

ウラから読むとおもしろい!
世界地図帳

❶ 世界地理全般

❷ アジア・中東

❸ 南・北アメリカ

❹ヨーロッパ

❷北海道・東北地方

❸関東地方

❹中部・北陸・近畿地方

❺ 中国・四国・九州・沖縄地方

カバーイラスト●茂利勝彦
本文図版・DTP●ハッシイ

第Ⅰ部

ウラから読むとおもしろい！
世界地図帳

❶ 世界地理全般

国連旗の世界地図は、なぜ北極が中心になっている?

国連旗は、左の図のように、青地に白で染め抜かれた世界地図をオリーブの葉で囲んだデザインになっている。平和のシンボルであるオリーブの葉が、国連がめざす世界平和の推進を表しているという。

ところが、旗に描かれた世界地図を見ると、北極点を中心に描かれている。これでは、世界平和を唱えながら、北半球の国々を優先しているような印象を与えかねない。

そんな誤解を招きかねない北極中心のデザインになった背景には、採択当時の世界情勢が隠されているのである。

国連旗が採択されたのは、第二次世界大戦の終戦から2年後の１９４７年、第2回国連総会でのこと。当時は、すでにアメリカとソ連の間で冷戦が始まっていたため、平面図にした場合、米ソでどちらの国が大きく見えるかで、もめる可能性があった。

だが、地球のてっぺんからの鳥瞰図《ちょうかんず》にすれば、そういう問題は生じない。そこで、北極を中心に描き、米ソの冷戦をできるだけ早く平和的に解決したいという願いを込めたという。

また、南緯は60度までをおさめることで、オーストラリアや南アフリカ、アルゼンチンといった南半球の国の国土がとぎれないように配慮されている。

さらに、経緯は、正面の下部にグリニッジ天文台の0度がくるように考えられて描かれている。

これにより、最上部は日付変更線の通る太平洋上となり、米ソ両国が左右にバランスよく配置されることになった。

ただし、地図の尺度が小さくて、日本列島（国連旗の採択当時、日本は国連に未加盟）が描かれているかは微妙なところである。

ちなみに、この国連旗を他の国旗と一緒に掲揚するときには、国連旗をいちばん上にするか、左端に掲げることが国際ルールとなっている。

世界一の山脈がふつうの地図に載っていないのはなぜ？

世界一高い山はチョモランマ（エベレス

ト)。これは標高で測る絶対値だから、間違いないだろう。

では、「世界一長い山脈は?」と聞かれたらどうだろう。

アンデス山脈やロッキー山脈もたしかに長い。しかし、この答えには、どこかに盲点がないだろうか? そう、海の中だ。

海底にも山はある。周囲より相対的に高ければ〝山〟だから、海抜0メートル以下でも山は山である。

海底の山脈は「海嶺」と呼ばれる。

地球の表面はいくつかのプレートに分かれていて、徐々に移動しているのは、ご存じのとおり。

海嶺とはこのプレートが生まれてくるところで、海底の裂け目から上昇してきたマントルが、海水で冷やされて岩盤になり、プレートを形成していく。だから、マントルが吹き出した跡がプレートの縁にそって山脈を形成する。それが海嶺だ。

この海嶺は、地上の山脈のように、風雪で浸食されることもなく、長々と続いている。たとえば、大西洋中央海嶺などは、北はアイスランドあたりから、南はアフリカ大陸の南端まで続く。

つまり、ロッキー山脈とアンデス山脈をつないだよりも、さらに長いのだ。

海嶺はたいてい海の中に沈んでいるが、海面に出ている場所が一カ所だけある。アイスランドだ。

アイスランドは、大西洋中央海嶺の一部が海面に顔を出した島で、島を南北に貫く地溝帯でマントルが噴出し、年に数センチずつ新しいプレートが形成されている。

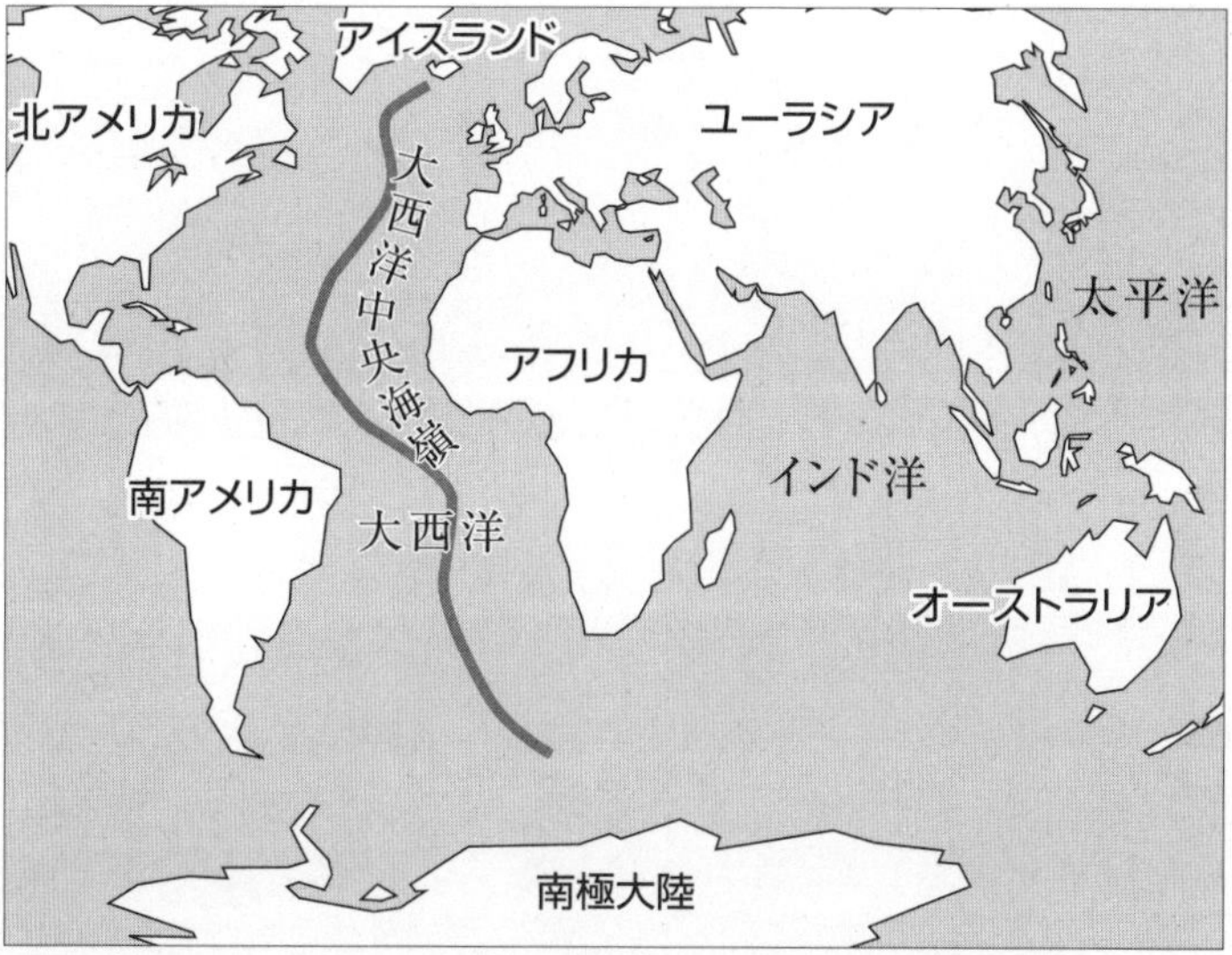

というわけで、アイスランドは、小さな島ながら、大陸移動説（プレート・テクトニクス）を体現しているユニークな島なのだ。

ヨーロッパとアジアの境界線はどこ？

「アメリカはどこにあるの？」「アフリカはどこにあるの？」ときかれた場合は、それぞれの大陸を示せばいい。

ところが、ヨーロッパとアジアの場合はそうはいかない。どちらも「ユーラシア大陸」にあるからだ。

「ユーラシア大陸の西側がヨーロッパ、東側がアジア」とはいえるが、「じゃあ、どこが境界線？」ときかれると、答えに詰まる人が多いだろう。

このヨーロッパとアジアの境界線、古くから議論され、今も結論は出ていない。

まず、語源的には、地中海が基準になる。「ヨーロッパ」という言葉は「地中海の西岸」を意味する「エレブ（ereb）」から、「アジア」は「地中海の東岸」を意味する「アス（assu）」から生まれた言葉だからだ。

とはいえ、「エレブ」「アス」という言葉が生まれたのは、古代ギリシャ時代よりもさらに前である。現在とは、世界観がまったく違う時代の話であり、今地中海を基準にヨーロッパとアジアを分けても見当違いの話になる。

現在、もっとも有力な見解は、ロシアの中心より西側にあるウラル山脈を境界線とする見方。ウラル山脈の西をヨーロッパ、東をアジアとするわけだが、これとて決定的な説ではない。

ウラル山脈は全長約2000キロメートル。小さな山脈ではないが、ユーラシア大陸全体を南北に貫いているわけではない。

ウラル山脈を境界線としても、その延長線をどこにどう引くかという問題が残る。

また、ハンガリーは、明らかにウラル山脈の西側に位置しているが、民族的にはヨーロッパよりもアジアに近く、そのため「地理的には東欧だが、ハンガリーはアジアの一部」とする見方もある。

「キリスト教圏はヨーロッパで、それ以外はアジア」とすることもできるが、この考え方だと、イスラム教徒が多い旧ユーゴスラビアのあたりがややこしくなる。

なお、このテーマは、単に観念的な論議にとどまらない。EU加盟問題がからんでいて、

政治的にも重要な意味をはらんでいる。

南極にも「温泉」がある というのは本当？

南極ツアーの見どころといえば、氷山、ペンギン、オーロラの三つだが、最近はこれに「温泉」が加わった。

南極大陸からは南米大陸の最南端ホーン岬（オルノス岬）に向かって南極半島が延びているが、その北端に位置するデセプション島が、南極の湯どころである。

デセプション島に温泉が出たのは1970年ごろで、きっかけとなったのは火山の噴火。この島は、チリ沖から延びる火山帯の一部で、60年代の後半から70年代にかけて何度も噴火し、温泉が出るようになった。日本でも、温泉は火山活動と切っても切れない関係にあるが、これは南極でも同じこと。火山があれば温泉が出るというわけだ。

もっとも、デセプション島の場合は、温泉が出るといっても、地中からグツグツとお湯が湧いて出てくるわけでなく、地熱によって温まった海水を「温泉」と呼んでいるだけ。だから、「温泉に入る」といっても、実際に入るところは海である。ただ、湯温はかなり高く、湯気も本物の温泉と同じように立っているので、充分に温泉気分が味わえるという。

ただし、このあたりの気温は夏でも3～4℃ぐらいなので、湯冷めする危険性は高い。また、もっとも湯かげんがいいのは波打ち際から数メートルのところというが、うっかり流されると、そこは南極の海。風邪を引く程度ではすまないから、注意が必要だ。

南極の観光シーズンは11月から2月（南極では夏）までの4カ月で、毎年1万人以上、日本からも数百人が訪れている。

地球上で人が暮らせる土地の面積はどのくらい？

現在、世界の人口は65億人余りとされているが、地球上には、人が暮らせる土地がどれぐらい存在するのだろうか？

地球の表面積は約5億995万平方キロメートルだが、その71％は海で、陸地の総面積は29％、1億4889万平方キロメートルしかない。しかも、陸地の中には、砂漠や高山地帯も含まれるので、実際に人が生活できる場所の総面積は陸地の88％程度とされている。これを65億人で割ると、1人あたりの土地はおよそ０・０2平方キロメートルということになる。

日本の総面積は約37万8０００平方キロメートルで、これは地球の全陸地の０・２５％。日本の人口は約1億３０００万人だから、これは世界の全人口の２％に当たる。要するに、われわれ日本人は、０・２５％の土地に２％の人間が住んでいることになる。

これはあまりいいバランスとはいえない。人口密度の世界平均は1平方キロメートルあたり45人だが、日本の人口密度は約３４０人。「家が狭い」「土地が高い」といった問題が発生するのは、このためである。

もっとも、お隣の韓国の人口密度は約４７０人、バングラデシュは約９００人、シンガポールでは６０００人台というから、世界には日本よりもはるかに過密な国もある。

だが、日本の人口密度が高いといっても、日本じゅうが人間でごった返しているわけではない。東京都の人口密度は約５５５０人、大阪府は約４５７０人とひじょうに高いが、北海道は約70人、岩手県は90人と2桁のところもある。大都市以外の人口密度はそれほど高くはないのである。

ノルウェーのギザギザの海岸線を伸ばすと何キロになる？

ギザギザの海岸線といえば、日本にも東北地方などにリアス式海岸があるが、ノルウェーのフィヨルドはスケールが違う。もっとも大きなソグネフィヨルドは、全長約２００キロ。湾の入口から２００キロ以上の奥地まで海水が入り込んでいるわけで、それはもうほとんど湖のように見える。

　ノルウェーの海岸線、つまりスカンジナビア半島の西側には、こうしたフィヨルドがたくさんあって、実に複雑な地形をしている。この海岸線をまっすぐに伸ばして測ってみると、なんと2万1000キロ以上。これは、地球半周分に相当する。

　このフィヨルドは、氷河が丘陵地を削り取ってできたもの。今から100万年ほど前の氷河期といわれる時代、地球の気温は現在よりも5～7度低く、陸地の30％が氷河に覆われていた。ノルウェーでは、厚さ1000メートルもの氷河が丘陵を押しつぶし、谷を浸食していた。やがて、氷河期が過ぎると、深く削られた谷だけが残り、ここに海水が入り込んでフィヨルドになった。

　このような地形は、ノルウェーのほか、グリーンランドの一部、アラスカなどわずかな地域にしか残っていない。

　これは、氷河にも地形によって二種類あり、大半は平坦な場所にできる大陸氷河だからだ。

　南極を思い浮かべればわかるように、大陸氷河はそれほど極端に入り組んだ地形を残すことはない。ノルウェーの氷河は、起伏の大きな場所にできる山岳氷河だったので、このようなフィヨルドができた。

　いずれにせよ、〝少数派〟だったおかげで、ノルウェーには世界に名だたる景勝地ができあがったというわけだ。

バルト海の沿岸にロシアの飛び地があるのはなぜ？

　世界地図を見ると、地球上にはあちこちに

〝飛び地〟があることがわかる。国土の一部が他国の領土によって分断されているケースである。

その代表格は、バルト海沿岸の「カリーニングラード州」。カリーニングラード州はリトアニアの南、ポーランドの北に位置するが、どちらの国のものでもなく、ロシア連邦の一部。つまり、ロシアの飛び地である。

カリーニングラード州の人口は約95万人。住民の多くはロシア人で、法律も通貨もロシア本国と同じだ。ただ、昔からロシア人の土地だったわけではなく、この地にロシア人が住むようになったのは、第二次世界大戦後のこと。それ以前は、ケーニヒスベルグというドイツ風の地名で呼ばれ、住民の多くもドイツ人だった。

ドイツ人がこの地にやって来たのは、13世紀の半ば。それから約700年、ケーニヒスベルグはほぼドイツの支配下にあったのだが、第一次世界大戦でドイツが敗れて、ドイツ本土と分断される。ところが、その後、ヒトラーが登場してポーランドを併合したため、再びドイツ領に戻ることになる。しかし、第二次世界大戦でドイツが敗れ、今度は戦勝国であるソ連の統治下に入った。

その後、ソ連は崩壊し、バルト海沿岸の諸国は独立を果たすが、カリーニングラードはロシア領のまま残ることになった。

ドイツからソ連に統治者が変わったとき、それまでこの地に住んでいたドイツ人の運命をめぐっては悲惨な話が多い。

多くのドイツ人は強制退去させられたが、中にはシベリアへ強制移送されたり、殺害されて、ドイツに帰れなかった人も少なくなかった。

なお、「カリーニングラード」という地名は、ソ連の元首だった「カリーニン」にちなんだもの。

面積が倍になったり、半分になる大陸ってどこ？

地球上には、冬になると、面積が夏の2倍にもなる大陸がある。南極大陸である。

南極大陸の正味の面積は、1205万平方キロメートルで、日本の約33倍。ところが、冬になると、周囲に巨大な海氷ができて大陸を包み込み、陸地と呼べる面積が2倍にもふくれあがる。つまり、冬になると、南極大陸は海氷で「着ぶくれ」するというわけだ。

南極を覆う氷は、〝面積〝だけでなく厚み

もすごい。南極大陸を覆っている雪氷を「氷床」と呼ぶが、その厚さは平均で２４５０メートルにもなる。岩盤の部分と合わせた南極大陸の平均標高は約２３００メートルで、これは大陸の中では世界一の高さ。南極が寒いのは極点に近いからだが、この標高の高さも無関係ではない。

ただし、氷床を除いた岩盤部分の標高は決して高くはない。東半球側の標高は平均15メートルで、かろうじて海面に姿が出る程度。西半球側の平均はマイナス４４０メートルというから、氷がなければ海の底である。南極大陸が「大陸」と呼べるのは、氷がかさ上げしているからである。

ところで、「地球の温暖化が進むと南極の氷が溶ける」という話をよく聞くが、万が一南極の氷がすべて溶けても、南極大陸のすべてが海の底に沈むわけではない。南極を覆っている氷の重みは3京トンという途方もないもので、その重みがなくなると、アイソスタシー隆起という現象が起きて、大陸が盛り上がってくるからだ。

もっとも、いくら大陸が盛り上がっても、3京トンという氷が溶ければ、海水位が60～80メートルも上昇するので、南極大陸が今よりも小さくなるのは間違いない。

もちろん、これは南極だけの話ではなく、日本列島を含めて、世界の陸地はかなりの部分が水没して、小さくなってしまう。

○○ネシアの「ネシア」って、どんな意味？

インドネシアやミクロネシアの「ネシア」

とは、ギリシャ語で「島々」を表す「nesos」と、国・地名を表す接尾語「〜ia」が合体したもの。

だから、インドネシアは「インドの島々の国」となる。1884年、オランダの植民地時代に、ドイツの民俗学者アドルフ・バスチャンが命名したといわれている。

この地域には、もともとサンスクリット語の「大麦」に由来する「ジャワ」という地名があるが、独立の際に宗主国だったオランダに気を遣って「インドネシア」を採用したという。

一方、ポリネシア、メラネシア、ミクロネシアの三大ネシアのうちもっとも古いのは、ミクロネシア。「小さな島々」という意味で、1831年にフランスの地理学者ドムニー・ドリエンツィが、パリ地理学協会に提唱したのが初出という説が有力だ。

次が「黒い島々」という意味のメラネシア。これはその翌年、同じフランスの探検家デュモン・デュルビルの命名。ちなみに、この人、南極にも行っていて、発見したペンギンに自分の奥さんの名前をつけたことで有名。それが、アデリーペンギンである。

その次が、「たくさんの島々」という意味のポリネシア。これは1853年、フランスの地理学者マルト・ブランが考案した。

そして、最後が、バスチャンのインドネシアというわけだ。

同じアジアでも西と東で気候がまったく違うワケは？

西アジアのイランやイラクは砂漠の国。中

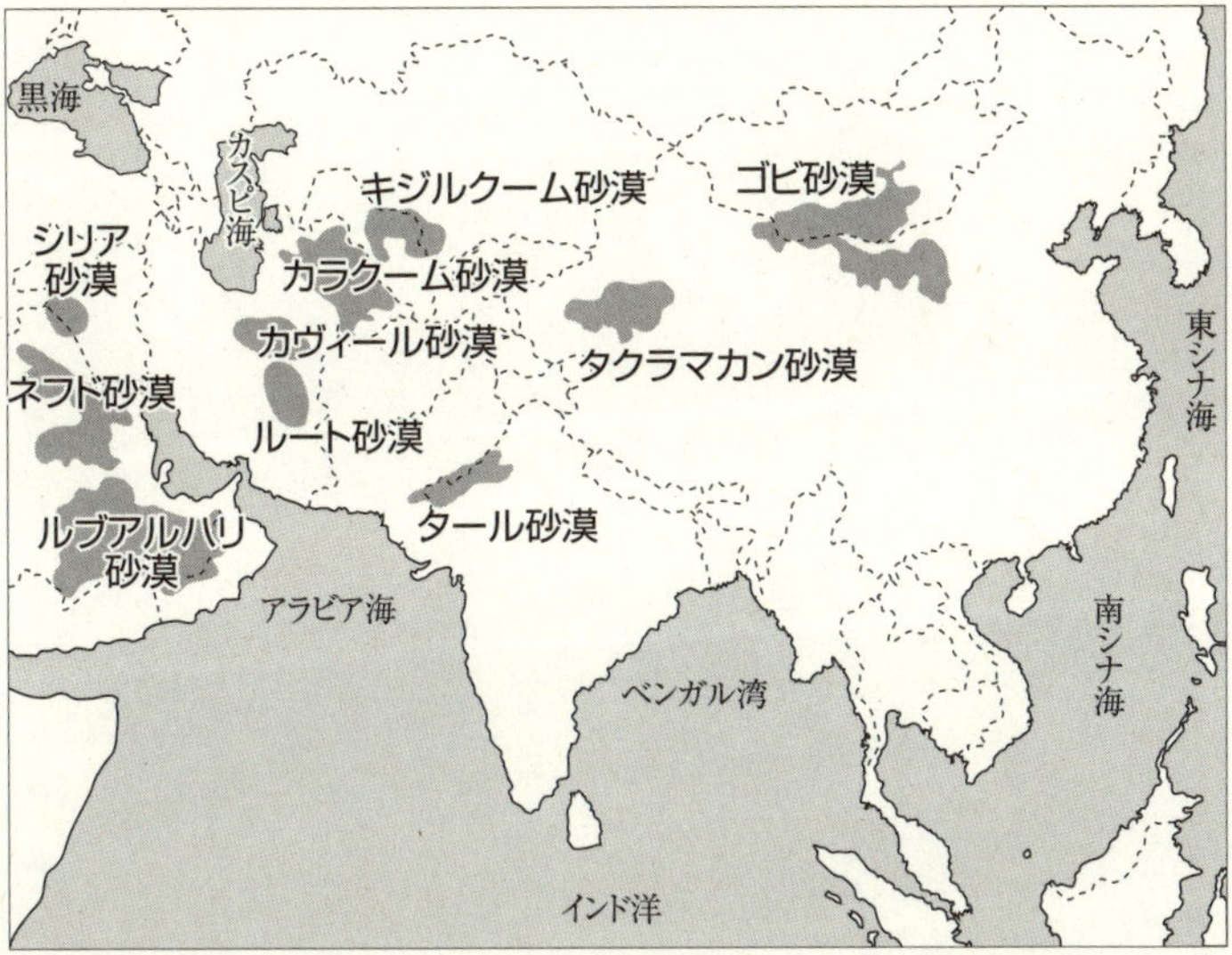

央アジアのタジキスタン、ウズベキスタンも砂漠の国。一方、東南アジアのタイ、ベトナム、カンボジア、南アジアのバングラデシュなどは、雨量が多く、ジャングルの生い茂る国である。

同じ「アジア」といっても、西と東ではまったく気候が異なるわけだが、どうしてここまで違うのだろうか。

これに関しては、西と東の違いと見るよりも、「海に近いかどうか」という観点で区別したほうがいい。

東南アジアの国々は、太平洋やインド洋などの大海に囲まれているので、大気は絶えずたっぷりと水分を含んでいる。要するに湿度が高く、低気圧が発生すると、すぐに雲ができ、雨が降り始める。

一方、西アジアや中央アジアは、海から遠

く離れた内陸部。大気は乾燥していて、低気圧が発生しても、なかなか雨にならない。

これが、アジアの西と東で、雨量が大きく違う原因である。

つまり、西と東で気候が異なるのは、海との距離が違うからなのだ。

もちろん、わが日本は海に囲まれた国。そこで、新潟とロシアのシベリアを比べると、冬の気温はシベリアのほうがはるかに低いが、降雪量は新潟のほうが圧倒的に多い。この差を生んでいるのも海との距離。新潟が豪雪地帯なのは、日本海に面しているからで、シベリアに雪があまり降らないのは、海から遠く離れた内陸部だからである。

ただ、これはあくまで一般論で、ペルシャ湾岸の国々のように、海の近くでも乾燥した砂漠という地域もある。

世界で一番、標高の低いところにある町は？

地球上の陸地でもっとも高いところといえば、チョモランマの山頂。これは誰でも知っているが、反対にもっとも低いところはあまり知られていない。

地球上の陸地表面でもっとも低いところは、イスラエルとヨルダン国境に横たわる死海のほとりである。ここにあるエイン・ボケックという町が、現在、世界でもっとも標高の低いところにある町とされている。

この町の標高はマイナス393・5メートル。東京タワーの高さよりさらに60メートルも低い。

「海のそばにそんな低い町があったら、海水が流れ込んで、海の底に沈んでしまうではないか」と思うかもしれないが、その心配にはおよばない。死海の水面の海抜はマイナス394メートルで、エイン・ボケックよりも、死海のほうがさらに低いのである。

水は高いところから低いところへ流れるものなので、死海に流れ込む川はあっても、死海から外に流れ出る川はない。つまり、死海には出口がない。それでも、死海があふれないのは、ここがひじょうに暑い地域で、すぐに水が蒸発してしまうためである。

また、死海は塩分濃度が高いことでも知られるが、これにもその低さが関係している。死海には、ヨルダン川が塩分を含んだ水を運んでくるが、出口がないため水分は蒸発しても塩分はたまる一方。これが、塩分濃度が高くなる理由である。

死海のように塩分濃度が異常に高くなると、魚は棲めなくなり、藻さえも生えなくなる。魚にとっては、まさしく死の世界で、そこから「死海」という名前がつけられた。一方で、死海の水にはミネラルや塩化カリウムが豊富に含まれ、皮膚病やリューマチの治療に効果がある。保養に訪れる観光客は多く、人間にとってはむしろ〝健康の海〟である。

スカンジナビア半島はどうして年々盛り上がっている？

スカンジナビア半島は、現在も隆起を続けている。これは、半島の上に乗っかっていた〝重し〟がとれたからである。

どういうことかというと、雑誌を何冊か積み重ね、その上に鉄アレイのような重いものを置いた状態をイメージしていただきたい。鉄アレイの重みで雑誌の高さは低くなるが、鉄アレイをのけると、少しずつ盛り上がって元に戻ろうとするはずだ。スカンジナビア半島で起きている現象も、原理的にはこれと同じ。要するに、重しがとれて元の高さに戻ろうとしているのである。

では、いったい何がスカンジナビア半島を押しつぶしていたのだろうか？

それは「氷」である。

スカンジナビア半島は、現在も北極海に面した非常に寒い地域だが、氷河期はさらに寒く、現在の南極のように半島全体が厚い氷で覆われていた。この氷の重みで、スカンジナビア半島は沈み込んでいたのである。

「たかが氷で」と思うかもしれないが、氷河期の様相は今の常識を超えるもの。半島を覆っていた氷の厚さは3キロメートルにもおよんだと推定されているから、その重量は天文学的な数字。それだけの重みがかかれば、大地といえども沈んでしまうのだ。

現在、スカンジナビア半島は、氷河期以前の高さに戻ろうとしているわけだが、盛り上がっているといっても年に1センチ程度のこと。住民の生活にはなんの支障もない。

いまでも国土の50倍の〝植民地〟をもっている国は？

かつて、イギリスをはじめとするヨーロッパの強国は、自国の何倍もの面積の植民地を有していた。その後多くの植民地は独立し、植民地などという言葉は今や歴史の教科書の中だけ……そんなふうに思っているのなら、それはちょっと違う。植民地は、現代の世界地図にも残っているのだ。

もっとも、今では植民地といわずに自治領と表現するが、主なところでは「イギリス領バミューダ諸島」や「デンマーク領グリーンランド」が挙げられる。

とくに、グリーンランドは、面積約216万平方キロメートルの世界最大の島。日本の国土の約6倍もある。デンマーク本土は約4万3000平方キロメートルだから、デンマークは本土の約50倍もの植民地を持っていることになる。

ただ、前述のとおり、現在では「自治領」となっていて、グリーンランド自治政府が置かれている。

このグリーンランド、面積216万平方キロメートルといっても、その80％は氷河や万年雪に覆われていて、人が住めるのはわずかな沿岸部のみ。真夏でも気温は1桁、沿岸には流氷が漂う過酷な環境だ。

にもかかわらず、なぜ「グリーンランド」と呼ばれているかというと、話は西暦982年にさかのぼる。

この島の名づけ親は「赤毛のエイリーク」と呼ばれたノルマン人。彼は、グリーンランドの前に発見した島を「アイスランド」と名づけて入植者を募集したが、希望者が集まらなかった。その失敗の原因は、「氷の島」と正直にネーミングしたことにあると考えたエイリークは、次の入植者募集物件を「グリーンランド」と命名したのだ。

現在、グリーンランドの人口は約5万6千人。大半が先住民族だが、ヨーロッパからの移民の血を引く人たちもいる。彼らの祖先には、〝嘘つき〟エイリークにだまされた！　と思った人もいたことだろう。

最も洪水を起こしてきた川ってどこのこと？

約2000年の間になんと1500回……「世界一洪水を起こした川」という不名誉な称号を頂戴したのは、中国の黄河である。

黄河は、全長5464キロ、流域面積75万平方キロ（日本の面積の約2倍）、青海省バヤンハラ山北麓を源に、中国内陸部を南北に大きくうねりながら横断し、渤海《ぼっかい》へ注ぐ。

しかし、この黄河流域の年間降水量はわずか400ミリ程度、中国のもう一つの大河、長江流域の年間降水量の3分の1にすぎない。ではなぜ、1500回もの洪水を引き起こしたのだろうか？

黄河流域の降水量はたしかに少ないが、これが6〜9月に集中する。だから、春の播種《はしゅ》の時期には水不足になりやすいのに、夏に集中豪雨が降ると、ふだんの十数倍から百倍にも増水する。これが洪水につながるのだ。

また、この流域特有の地質も関係している。黄河はその名のとおり、上流の黄土層を浸食して運ぶので黄色い色をしている。ところが、下流域平原をゆったりと流れるようになると、運んできた黄土を河床に置いていってしまう。すると、どんどん河床が浅くなり、そのぶん水面が上がり、堤防が切れやすくなってしまう。

すると、今度は堤防をもっと高くしなければならない。河床も堤防もどんどん高くなり、やがて、地面より高いところを流れる天井川になってしまう。今も黄河の下流域では、周囲の地面より河床のほうが平均で3～4メートルも高い。場所によっては、10メートル以上高い地域もある。

こんなところで、ひとたび堤防が決壊したら、ビルの3階あたりから水が降ってくるわけで、大惨事になる。

最近では、徹底した治水対策のかいもあって、本流堤防が決壊するような水害は起きていない。ただ、黄河下流域が今も危険な状態にあることに変わりはない。そのため、支流に砂防ダムを造ったり、上流域に植林したりして、土砂の流出を少なくしようとしているが、ふだんは雨が少ない地域なので、植林は思うように進められない。

下流域の堤防も、従来のものは、古い堤防に継ぎ足していたり、崩れやすい土質の土砂を使っていたりする。というわけで、大規模なスーパー堤防を建造中である。

世界で一番寒暖の差が激しい場所は？

ロシアのシベリアは世界でもっとも寒いところの一つだが、同時にここは世界でもっとも寒暖の差の激しい場所でもある。

広大なシベリアの大地の中でも、もっとも寒暖の差が激しいのは、東シベリアのサハ共和国にあるベルホヤンスク。ここでは、月平均気温の年間差が60度を上回るというからすごい。1年の中で、これだけ気温が変わるところはほかにはない。

ただし、ベルホヤンスクの場合、月平均気温の開きが大きいのは事実だが、これを「寒暖の差」と表現するのはいささか難しい。というのは、ベルホヤンスクの冬はたしかに「寒い」が、ベルホヤンスクの夏が「暑い」わけではないからだ。

ベルホヤンスクでは、もっとも暑い7月でも、平均気温は20℃に届くか届かないか。これを「暑い」と思う人は少ないだろう。一方、冬は、零下40℃も当たり前という極寒。零下70℃を下回ることもある。ベルホヤンスクの月平均気温に大きな差が表れるのは、冬が極端に寒いからなのだ。

ベルホヤンスクにはかなわないが、日本にも気温差の激しいところはある。日本でもっとも寒暖の差が激しいとされるのは、北海道の北部、稚内《わっかない》市と旭川市のほぼ中間に位置する美深《びふか》町。この町では、最高気温と最低気温の気温差が70度を超えた年もある。美深町はベルホヤンスクとは違い、夏の最高気温は毎年30℃を超えるから、メリハリという点ではこちらのほうが上かもしれない。

ちなみに、1日のうちでの寒暖差の最高記録は、１９１６年の1月にアメリカ・モンタナ州のブラウニングという町で記録された55・5度。1日の間で6・7℃から一気に零下48・8℃まで気温が下がったという。

ゴビ砂漠の「ゴビ」って何のこと？

東は中国内蒙古自治区から、西はアルタイ山脈まで、およそ１００万平方キロメートル（日本の国土の3倍弱）におよぶ「ゴビ砂漠」。その大半は、モンゴルの国土にかかり、モンゴル全土の約30％を占める。

この「ゴビ」という名前は、モンゴルの言葉で、意味は「まばらな短い草が生えている土地」。

実際、砂漠といっても、ゴビ砂漠には砂地のエリアは少なく、大部分は粘土と小石の上にわずかな草が生える大平原である。ところによっては、山地に森、泉などもあり、季節によっては花が咲き、果物もなる。アフリカやアラブの砂漠とは、ずいぶん様相が違っているのだ。

もっとも、近年、乾燥化が進み、砂地のエリアが広がりつつある。この砂地エリアから強い風によって巻き上げられるのが「黄砂」で、偏西風に乗って日本にも飛来する。

最近、日本国内で、黄砂の飛来が観測される日数が、年間10日前後から倍以上に増えているのは、ゴビ砂漠のさらなる砂漠化が進んでいるためだ。

かつて、黄砂の発生は、ゴビ砂漠より西のタクラマカン砂漠が中心だった。しかし、ゴビ砂漠の砂漠化が進んだために、発生源が日本に近くなり、それだけ、日本まで飛んでくる回数が増えたというわけである。

ゴビ砂漠は、今から2億年前の中生代ジュラ紀の初めごろ、大きな湖ができ、さらに周囲の山地が隆起して、山地と盆地の区別がはっきりした。

その後、活発な火山活動があり、湖が大きく広がった。

しかし、今から1億年前の白亜紀後期になると、山地の隆起で湖が干上がり、川の扇状地が広がる。この時代の地層から発見されているのが、恐竜の化石である。

今では、貴重な恐竜化石の宝庫と呼ばれて

世界地理全般

アジア・中東

南・北アメリカ

ヨーロッパ

アフリカ・オセアニア

いる。

なお、ゴビ砂漠の西に広がる「タクラマカン砂漠」の「タクラマカン」は、ウイグル語で「砂の海」を意味している。

インドネシアとモナコの国旗はどうして同じデザイン？

世界には、まったく同じデザインの国旗を使っている国がある。モナコ公国とインドネシアで、どちらも、上半分が赤、下半分が白というデザインになっている。

先にこの国旗を使ったのは、モナコ公国のほう。1297年にイタリアからの移住者がモナコの王となって以来、赤白の二色が使われてきた。

この二色旗が正式に国旗に制定されたのは、1818年のこと。1956年、国王のレニエ3世が、アメリカの女優グレース・ケリーを王妃に迎えたときも、国民は赤と白のカーネーションで歓迎した。

一方、インドネシアの国旗が正式に決められたのは、モナコに遅れること131年、1949年の独立のときだった。

もともとインドネシアでは、赤と白は太陽と月を表す色として古くから親しまれてきた。そこで、オランダの植民地支配から独立するにあたり、なじみ深い二色旗を国民統合の象徴としたのである。

独立宣言の日に掲げられた二色旗は、スカルノ大統領の妻（デヴィ夫人ではない）が、赤と白の布を縫い合わせてつくったという。その後、独立記念日には、その手づくりの旗が大統領宮殿に掲げられていた。

のちに、この二色は、赤が自由と勇気、白は正義と純潔を表すと発表されている。

ちなみに、インドネシアの国旗は、縦横比が2対3。一方、モナコ公国の旗は、縦横比が4対5だから、厳密には、両国の国旗はまったく同じではない。

また、ポーランドの国旗は、上半分が白、下半分が赤と、配色が逆さになっているだけ。建国説話によれば、夕焼けの空を飛ぶ白鷺を見て旗としたとされているが、現在では、赤は独立と国のために流された血、白は喜びを表すとされている。

世界地図を英語でアトラスというのはなぜ？

「アトラス」とは、英語で「世界地図」や「地図帳」という意味。この言葉が使われ始めたのは、1500年代と見られている。

そもそも、アトラスとはギリシャ神話に登場する巨人の名で、たいへんな怪力の持ち主。天を背負いながら四方を眺める生活を送っており、世界の隅々まで理解するようになったとされている。

大航海時代の1569年、地図学者のメルカトルが「正角円筒図法（メルカトル図法）」を発明し、世界地図の制作に取り組んだ。この図法では南北が極端に広がる地図となるが、方位は正確で航海には便利なため、やがてヨーロッパじゅうで使われるようになった。

メルカトルの地図帳は、1585年から当時の最新情報を反映しつつ発表されたが、この表紙にアトラスの絵が描かれていた。以来、イギリスで世界地図、または地図帳といえば、「アトラス」が代名詞となっていく。「アトラス」は固有名詞から一般名詞化したのである。

ジブラルタル海峡のアフリカ側には、アトラス山脈がそびえている。

ギリシャ神話によれば、怪力の持ち主アトラスも歳には勝てず、やがて重い天を支えるのが苦しくなってきた。そこで、英雄ペルセウスが、「目にしたすべてのモノを石に変えてしまう」メドゥサの首を取ってきたとき、アトラスもその首を見て岩山となり、現在の山脈の場所に横たわったとされている。

最初の地球儀は、いつ誰がつくった？

世界で初めて地球儀がつくられたのは、いつごろだろうか。多くの人は、コロンブスが新大陸を発見し、地球が丸いことを確認したあとと思うのではなかろうか。

しかし、地球儀の歴史は、驚くほど古い。地球球体説がすでに存在していた古代ギリシャでは、すでにつくられていたと推定されている。

紀元前5世紀には、ピタゴラス派によって、完全な形は球であり、地球も球体だと説明された。

また、アリストテレスは、月蝕のとき、月面に丸い陰をつくるのは球体だけだと球体説を主張。こうした説に基づき、地球儀がつくられていたようで、文献の記録では、紀元前3世紀のアルキメデス、紀元前2世紀のヒッパルコスらは地球儀を持っていたという。

その後、中世ヨーロッパでは、大地はエル

サレムを中心とする円盤状と考えられ、地球儀はつくられなくなった。15世紀になり、地球球体説が復権すると、再び地球儀がつくられるようになる。

コロンブスが新大陸に到達した1492年には、地理学者マルチン・ベハイムによって制作され、これが現存する最古の地球儀。現在、ドイツのニュルンベルク博物館に保管されている。

ただし、その地球儀には、まだ南北アメリカは描かれていない。その代わり、アジア大陸が東に大きく伸び、日本列島は、現在のメキシコのあたりに描かれている。

その後、地球儀は少しずつ改良され、国際的に、ロンドンのグリニッジを通る経線を零度線と決めた1884年、現代地球儀が完成する。

日本には、鉄砲などが伝わった織田信長の時代に、地球儀も伝わったと考えられている。宣教師のオルガンチノが、本国に送った書簡に、信長から地球儀についてあれこれ質問されたと記録している。信長は地球儀を持っていたようだ。

陸地のない北極は、どこからどこまでのことを指すのか？

どこからどこまでを「北極」と呼ぶか、その範囲についてはいくつかの考え方がある。

第一は、北緯66度30分以北を「北極」とする意見で、これがもっとも一般的とされる。

北緯66度30分をボーダーラインとするのは、夏至の日と冬至の日の日照時間に基づく。夏至は、ご存じのように、北半球では一年でもっとも昼の長い日。その太陽の出ている時間は北へ行くほど長くなり、北緯66度30分を超えると、太陽は一日じゅう沈まなくなる。

一方、冬至は一年でもっとも昼の時間の短い日であり、北緯66度30分以北では太陽はまったく現れなくなる。

つまり、これ以北は「昼」「夜」という考え方の通用しない「別世界」という意味で、このラインより北を「北極」とするという見方だ。

北極に関する第二の定義は、「夏の平均気温が摂氏10度以下」。気象学者の間では、この定義が一般的に使われている。

第三は、植物が生育できるかどうかで決めるもの。寒帯地方には針葉樹林が多いが、さらに北上すると針葉樹林も姿を消し、コケや草しか生えなくなる。この境界線を「森林限界線」と呼び、植物学者などの間では「森林限界線より北」を「北極地方」とするのが一般的になっている。

世界で一番潮の流れが速い場所は？

「もしかして、鳴門《なると》の渦潮」と思った人、なかなかいいセンではある。鳴門海峡は、潮の速さ約11ノット（20・4キロ）、堂々世界第3位に食い込んでいる。渦の大きさは20メートルほどにもなるという。

では、潮流最速世界ナンバーワンは、どこだろうか。

それは、ノルウェー北部ロフォーテン諸島、サルテンフィヨルドとシェシュタフィヨルドの海峡に発生する「サルトストラウメンの大渦巻き」。速さ20ノット、直径約5～10メートルほどの渦潮が1日4回、6時間ごとに発生する。

これは、なかなかの見モノのはずだが、意外なことにさほど注目を集めていない。

なぜなら、このあたりは観光資源の宝庫。フィヨルドの景観はすばらしく、また、少し北に行けば、ヨーロッパ最北の地ノールカップで白夜観光ができるし、船に乗ればホエールウォッチングもできる。渦潮よりも、もっと価値ある観光資源が目白押しの地域なのだ。

ちなみに、この「サルトストラウメンの大渦巻き」は、世界三大潮流にも数えられていない。世界三大潮流といわれるのは、鳴門海峡、カナダのバンクーバー島の東側セーモア海峡、イタリア半島とシシリー島の間のメッシーナ海峡だ。

ところで、こうした渦潮はどうして起こるのだろうか？　鳴門海峡を例にとって説明しよう。

まず、満潮になって太平洋の海面が上がると、海水は狭い鳴門海峡を通らず、紀伊水道から大阪湾に流れ込む。それが、さらに明石海峡を回って、播磨灘《はりまなだ》に達するまでに約5時間かかる。満潮と干潮は約6時間周期で交替するので、そのころには太平洋側は干潮になっている。つまり、狭い鳴門海峡を挟んで播磨灘と太平洋では、海水面に大きな水位差ができる。

この差は最大で1・5メートルにもなる。この水位差を海水が流れ落ちるときに、流れの速い場所と遅い場所ができ、その境界で渦が発生する、という仕組みだ。

❷ アジア・中東

インダス、ガンジス、メコン…三つの川の共通点は何？

「インダス」はインド北西部を流れる大河。語源はサンスクリット語の「sindhu（シンドフ）」で「川」という意味。それが、しだいに川周辺の地域全体を表すようになり（インダス川下流域の地域を「sind州」という）、やがて中東側から見たインド全体を表すようになった。アラビアンナイトのsindbad（シンドバッド）も、ここからきているという説がある。

この「sindhu」が中東側にくると、sがhに変わり「hindu（ヒンドゥ）」となった。さらに、これがヨーロッパに渡ると頭のhがとれて「indo」に。ここから、indus（インダス）やindo（インド）などの地名が生まれた。

「ガンジス」も、語源はサンスクリットで、やはり川を意味する普通名詞「ganga（ガンガ）」がそのまま英語になって、ganges（ガンジス）となった。インドでは、そのまま「ganga」と呼ばれている。

さらに、チベット高原から発し、中国雲南省、ラオス、ベトナム、カンボジアと南下する「メコン」。上流の中国では「瀾滄江」と呼ばれているが、ラオス、ミャンマーより下流では「Mekong（メコン）」になる。これはラオスの現地語、やはり「川」を表す一般名詞である。

つまり、「インダス」「ガンジス」「メコン」、これらはすべて「川」という意味の名前なのだ。ちなみに、中国語の tszan（ツァン）、朝鮮語の gan（ガン）、満州語の kan（カン）も「川」を表す。

Mekong の kong、Ganges の gan も含め、すべて語源は同じではないかという説もある。

マラッカ海峡で「事故」が多い事情とは？

マラッカ海峡は、マレー半島とインドネシア・スマトラ島の間を通り抜ける、長さ約800キロの海峡。インド洋と太平洋を最短で結ぶ近道であり、日本にとっては中東からのタンカーの通り道、まさにライフラインともいえる重要航路である。

このマラッカ海峡、さまざまな事故や事件が頻発する海の難所としても有名だ。なにしろ、幅が狭く、もっとも狭いところは10キロに満たない。

しかも、水深が浅いので、大型船が航行できる範囲が限られている。さらに、強い潮流が海底に砂州をつくるので、水深が頻繁に変化する。

そんなところに、大型タンカーをはじめ、貨物船、漁船、小さな木造の〝釣り船〟までが、ひっきりなしに往来しているのだ。航行にはそうとうな緊張を強いられるから、「難所」といわれるのも無理はない。

このマラッカ海峡の地図が、あろうことか「間違っていた」という事実が、1978〜82年の調査で発覚した。

ある島の位置など、東西に40メートル、南北に400メートルもズレていたというから驚きだ。

原因は測量方法の違い。

海峡の北側、マレーシアとシンガポールは、かつてイギリス領だったので、イギリス式の測量方法を採用している。一方、南のインドネシアは、オランダ式。それぞれデータを持ち寄って1枚の地図にまとめたのだが、そのときに、数値に微妙なズレが生じてしまったようだ。

もちろん、今は正確な地図が使用されているが、現在でも「海の難所」であることには変わりはない。

それに加えてマラッカ海峡には、地理的な問題だけではなく、さまざまな問題が山積みしている。

たとえばスコール。熱帯特有のこの大豪雨に見舞われると、視界はわずか数百メートルに落ちてしまう。レーダーも雨雲でいっぱいになって、航行する船が映らなくなる。さら

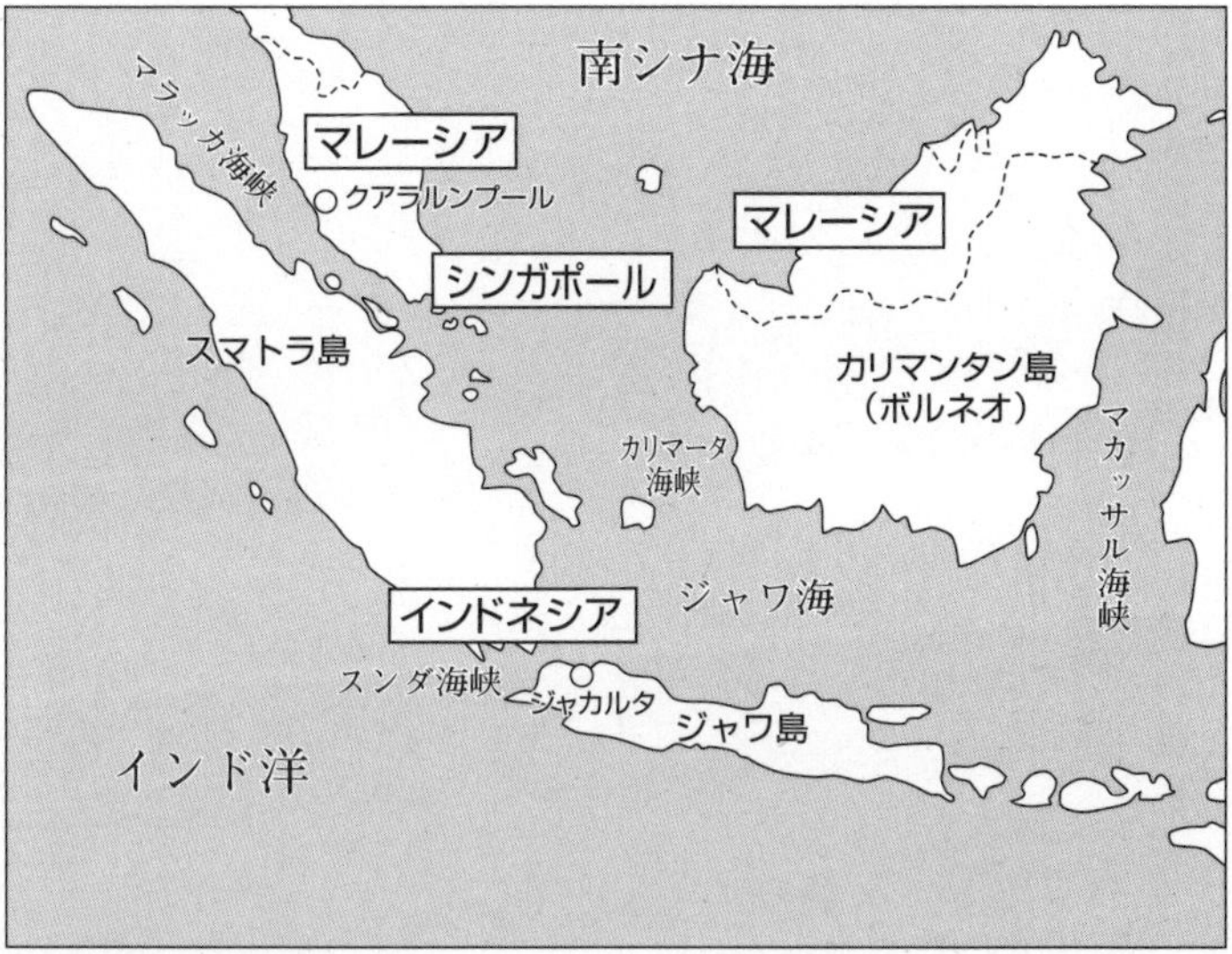

に、海賊が出没し、乗組員十数人程度の貨物船が頻繁に襲われている。

そのほかにも、焼き畑農業の煙や、のろのろと航行するオイルリグ（石油掘削船）に行く手をさえぎられるなど、この海峡にはありとあらゆる障害が待ち構えている。

どうしてペルシャがイランになった？

「ペルシャ」と聞けば、今では、絨毯《じゅうたん》を思い浮かべる人が多いかもしれないが、世界史をひもとくと、「ペルシャ」はいくたびもその名を世界にとどろかせている。アケメネス朝ペルシャ、ササン朝ペルシャと栄華をきわめた「ペルシャ」という名を「イラン」と改めたのは、第一次世界大戦後の１９３５年のことだった。

18世紀末に成立したカージャール朝は、第一次世界大戦のころには、イギリス、ロシアに分割され、弱体化していた。

そこで、国全体をもう一度立て直すため、名前をペルシャから「イラン」に変えたのである。

「イラン」という名は、紀元前1500年ぐらいに、イラン高原に移住してきた「アーリア人」に由来する。

当時、現在のイラン高原は「アリアナ地方」、その住民たちは自分たちのことを「アーリア人」と呼んだ。

「アーリア」の語源は、サンスクリット語で「高貴な」という意味の「アリイア」で、アーリア人は自分たちを他の民族よりも高貴な存在と考えていたという。やがて、この呼び名が「イラン」へと変化した。

第一次世界大戦後、列強の干渉に苦しむ中、この歴史ある言葉を国名に用い、誇り高きアーリア人であることを再確認して、改めて国造りに取り組んだのだ。

ちなみに、最初にこの地域や、そこに住む人を「ペルシャ」と呼んだのは、古代ギリシャ人。もともとの意味は「辺境」である。一説には、小都市の名だったのに、全体を表す地名として誤用され、「ペルシャ」という呼び名が広まったともいわれる。

なぜ、モンゴルでは日の当たらない北斜面で草が育つ？

緑の草が生い茂る草原を思い浮かべていただきたい。そこに小高い丘があるとしよう。

それなりに傾斜のある丘で、南側の斜面には1日じゅう日が当たるが、北側の斜面にはほとんど日が当たらない、とする。そういう場合、草がよく育つのは、普通は太陽の光がふんだんに当たる南側である。

ところが、世界には、逆に日の当たる南側よりも、日の当たらない北側のほうが草がよく生えるところもある。草原の国、モンゴルである。実際、モンゴル草原では、丘陵地帯の南斜面にはほとんど草が生えていない。

このような逆転現象が起きるのは、乾燥した気候が原因。モンゴルは典型的な大陸性気候で、1年のうち250日も晴天の日が続く。雨は少なく、年間降水量は多いところでも500ミリ、少ないところでは100ミリ程度。日本の年間降水量は約1800ミリだから、20分の1程度という地域もあるわけだ。

雨が少なければ土壌は乾燥する。そして、乾燥の度合いがより激しいのは直接日の当たる南斜面。モンゴルの南斜面に草が生えないのは、土壌が乾ききってしまうためだ。

一方、北斜面は、日が当たらない分、冬の間に積もった雪が長く残る。そのおかげで、土は夏でも水分を含んでいる。これが北斜面に草がよく生える理由である。

草が生き残るには、日の光と水の両方が必要だが、雨の極端に少ないモンゴルでは、水のほうがより重要な条件になるわけである。

いまだ解けないカッパドキアの地下都市の謎とは？

カッパドキアは、トルコの東部アナトリア高原に広がる一帯で、ユネスコの世界遺産にも指定されている世界的な名所の一つ。ここには世にも不思議な形をした岩が立ち並び、また誰がどんな方法でつくったかもわからない地下都市が眠っている。

まず奇岩だが、カッパドキアに立ち並ぶ岩は実にユニークで、キノコのような形をしたものもあれば、モアイ像のような形をしたものもあり、色もさまざま。

その奇抜さとスケールは、人間の想像を超えている。

どうすればこんな形の岩ができるかというと、きっかけとなったのは火山の噴火と見られている。噴火によって噴出した溶岩や火山灰が堆積し、長い年月の間に、それが風雨や川の流れによって侵食され、世にも不思議な形の岩石群ができあがったというわけだ

このように奇岩に関しては科学的にも説明がついているが、地下都市に関してはまだわからないことがたくさんある。

カッパドキア一帯には30以上の地下都市があること、地下都市が複雑な階層式になっていること、それぞれの地下都市が地下道でつながっていること、すべての地下都市を合わせると100万人を収容することも可能であることなどは、これまでの調査でわかっている。

だが、いったいどうやってこのような地下都市をつくったのか、その方法はまったくわかっていない。

作り手についても観光案内などには、「地下都市をつくったのはイスラム教徒による迫害から逃れてきたキリスト教徒」と書かれていることが多いが、これにも異論が多く、定説とされるには至っていない。

インドの国旗に描かれた「車輪」は何を表している？

世界の国々の国旗の中でも、車輪の模様が描かれているのは、インドしかない。

インドの国旗は、上からサフラン色、白、緑に色分けされ、真ん中の白地に、青で車輪が描かれている。この車輪の紋章は、インドをほぼ統一したことで知られるアショーカ王時代の「チャクラ」と呼ばれた古い車輪に由来する。

紀元前3世紀、マウリア朝のアショーカ王が、南インドの一部をのぞいてインドを統一したが、このとき、南方のカリンガ王国で数十万という人々を虐殺する。のちに、アショーカ王は、その残虐な行動を悔いて仏教に帰依したといわれ、以降、暴力ではなく、カルマによる支配に努めるようになったと言われる。この場合のカルマは「法」と訳されるが、法律ではなく道徳的な徳目に近い。

アショーカ王は、このカルマを刻んだ石柱碑を各地につくった。その石碑のてっぺんには、王家の象徴である獅子の像が彫られ、台座には「車輪」が刻まれた。クルクル廻る車輪は、輪廻の象徴。このデザインが、約2200年後、イギリスから独立するとき、国旗に採用されたのである。

車輪の輻《や》の数を数えてみると、24本あり、これは1日が24時間であることを表している。車輪そのものは、1日が永続的にまわり続けるという意味で、永久の繁栄を象徴しているという。

ちなみに、国旗のサフラン色はヒンドゥー教、緑はイスラム教を表し、白が二つの宗教の和解を表している。また、サフラン色と緑が、この国の天然資源を、白は生命と平和を表すとも説明されている。

中東と離れたインドネシアがイスラム国になった経緯は？

日本国内では、まわりに仏教徒やキリスト教徒はいても、イスラム教徒に出会う機会は少ないので実感しにくいが、実は、イスラム文化圏は意外なほどに広く、現在、世界じゅうでイスラム教徒は10億人はいるといわれている。

そして、イスラム教徒の人数がもっとも多い国は、イラクでもサウジアラビアでもなく、アジアのインドネシアなのだ。

イスラム教が誕生したのは、7世紀のアラビア半島でのこと。その後、イスラム教は急速に西へ東へと伝搬していった。

アジアの中でも、とくにインドネシアにイスラム教徒が多いのは、国際交易が盛んだったことが一つの原因。インドネシアに小型帆船で交易にやってきたアラビアやインドの商人たちは、多くがイスラム教徒で、布教活動にも熱心だった。

一方、国際的な交易が行われていなかったベトナム、ラオス、カンボジア、タイ、ミャンマーなどには、イスラム教は浸透せず、現在に至るまで仏教中心の国となっている。

そして、インドネシアに伝えられたイスラム教は、スーフィズムと呼ばれる一派で、厳格なアラブ・イスラムとはかなり性格が違っていた。スーフィズムは「神秘主義」と訳され、粗末な衣服（スーフ）をまとい、苦行と瞑想によって神との一体感を求めるという信仰。インドネシアでは、イスラムが伝わる以前は、ヒンドゥー教、仏教とともに、土着のアニミズム信仰が深く根付いていた。

こうした土壌があったからこそ、スーフィズムがすんなりと受け入れられたと考えられている。

現在、インドネシアでは、仏教、ヒンドゥー教、イスラム教、キリスト教の世界四大宗教が共存している。ただし、必ずしも平和共存しているわけではなく、宗教がからんだ衝突事件も起きている。インドネシアは、宗教に関して、世界の縮図のような国といえるかもしれない。

韓国のまわりの海で魚がとれるのはなぜ？

韓国料理といえば、まっさきに焼肉を思い浮かべる人が多いだろう。だから、少し意外に思われるかもしれないが、韓国は、250万トン以上の漁獲高がある漁業国でもあるのだ。それは、韓国近海の恵まれた環境のおかげといえる。

韓国は半島国だから、三方を海に囲まれている。しかも、この三つの海はそれぞれ性格が異なる漁場で、とれる魚の種類が違うのだ。

朝鮮半島の東は日本海に面している。ここは暖流と寒流が流れ込む海域で、プランクトンが豊富。だから、魚が多いだけではなく、サバやサワラなどの暖流系の魚と、スケソウダラなどの寒流系の魚が、季節を代えてとれる絶好の漁場となっている。

半島の南へ下ればすぐに東シナ海。ここは1年じゅう温かく、アジやイワシなどが豊富にとれる。

半島の西側は黄海に面し、大陸から流れ込む黄河が栄養分を運んでくるので、プランクトンが多い。さらに、水深が平均44メートルと浅く、大陸棚となっているので、底引き網漁の絶好の漁場。タイ、ヒラメ、タチウオなどがよくとれる。

そして、半島の南西部は、海岸線が複雑に入り組んだリアス式になっていて静かな内湾が多く、養殖業が盛ん。カキ、海苔、ワカメなどを産する。

遠洋漁業も盛んで、インド洋や南太平洋までマグロをとりに出かけている。

こうした海産物は主要な輸出品にもなっている。日本のスーパーにも、マグロ、タイ、タラバガニ、ワタリガニ、ヒジキ、ワカメなど、韓国産がたくさん並んでいる。

ネパールの国旗が「ペナント型」なのはどうして？

世界の国旗は、長方形か正方形が常識となっている。その常識にとらわれないユニークな形をしているのが、ネパール国旗だ。三角形を二つ重ねたペナント型で、世界広しといえども、こんな形をしているのはネパール国旗だけである。

三角形の頂点が作る二つのギザギザは、ヒ

マラヤ山脈の険しい山の形状を表しているという。たしかに、国旗を寝かせると山脈の形になる。

国旗の中に描かれている月と太陽は、王家と宰相一家を表す。月と太陽を結びつけることで、天体同様、国が長く栄えることを意味するという。

また、三角旗になっているのは、国教であるヒンドゥー教の教義に深くかかわっているという説もある。

創造神ブラフマー、統一神ヴィシュヌ、破壊神シヴァの三つの神を最高神とする「三神一体」思想に基づいて、三角形にしたというのだ。

そもそも、ネパールでは、ヴィシュヌ神が、天・空・地の三界を三歩で闊歩したという神話が伝えられるなど、古くから3という数字には、特別な意味が込められてきた。

実際、ヒンドゥー神話の戦の旗印にも、ペナント型がつかわれており、現在も、ヒンドゥー寺院の入口には、この形をしたブロンズの旗の像が建っていることが多い。

さらに、古い文献にも、かつてのインド藩王国の一部に三角旗が使われていたと書かれている。

現在の国旗が制定されたのは、１９６２年だが、２００年も前から、宗教的行事を中心に使われていたという。

ちなみに、青色の縁取りは平和を表し、月と太陽のバックになっている真紅はナショナルカラーである。

カスピ海の水位が上昇し続けている原因は？

塩湖であるカスピ海は海である、という説もあるが、常識的に考えれば、カスピ海は湖というのが妥当だ。そして、湖と考えれば、世界最大の湖となる。では、その大きさはどのくらいかというと、答は約37万4千平方キロメートル。

なぜ「約」なのかというと、カスピ海は今、年々大きくなっている、つまり成長しているからだ。

正確には、面積が広くなっているというより、水位が上昇して陸地をのみ込んでいるのである。

カスピ海の水位は、長いスパンで上下しているのだが、1930年あたりから低下する傾向にあった水位は、1970年代の後半から上昇に転じている。最低だったころに比べると、今では3メートル近くも水位が上昇。それに伴って、変化の大きなところでは、20メートル以上も湖岸線が後退している。要するに、湖面部分が広がっているのだ。

その結果、付近の住宅が浸水するなどの被害が出ているが、もっとも深刻な被害を受けているのは油田。

カスピ海沿岸では、すでに200以上もの油田が水没したと報告されている。そのため、原油が地下に浸透したり、湖水に流れ出して、環境に大きな悪影響をおよぼしている。

では、この水位上昇の原因はなんなのだろうか？

実はこれ、諸説乱れてはっきりした原因は

わかっていない。

たとえば、旧ソ連時代、経済が停滞して、ヴォルガ川流域での使用水量が減り、その結果、ヴォルガ川の水量が増えたという説。あるいは、やはり旧ソ連時代、トルクメニスタンにあるカラボガスゴルの水路を閉鎖したからという説もある。

しかし、今では、地球温暖化の影響という説が有力である。地球が温暖化すると、大気循環と水循環が活発になる。その結果、北半球の寒冷前線帯では降水量が増える。つまり、カスピ海に流れ込むヴォルガ川、ウラル川流域のある付近では降水量が増加し、カスピ海により多くの水が流れ込むようになった、というわけだ。

世界最大の湖をめぐる問題は、地球規模のスケールの大きな話だったのだ。

インドに「〜バード」という地名が目立つのは？

インドの地図を見ると、「ハイデラバード」「アラハバード」「アウランガバード」「アーメダバード」など、「バード」のつく地名が目に入ってくる。

「バード」といえば、英語の「鳥」を思い浮かべる人が多いだろうが、インドの地名についた「バード」は、もとは「アバード」という単語で、意味は「城塞、集落」。たいてい、先行する言葉と連音になって、「バード」と発音されている。

たとえば、インド随一のハイテク都市で、世界から注目されるデカン高原の「ハイデラバード」は、ペルシャ語の「ライオン」とい

世界地理全般
アジア・中東
南・北アメリカ
ヨーロッパ
アフリカ・オセアニア

う意味の「ハイダール」と結びついて、「ライオンの町」という地名になった。現在、マイクロソフト社の10人に1人は、このハイデラバードの出身といわれている。

ヒンドゥー教の三大聖地の一つ「アラハバード」は、「唯一神アッラーの町」という意味だし、「アウランガバード」は、ムガール帝国の第6代皇帝アウラングゼーブの名にちなんでつけられたもの。「アウラングゼーブ皇帝の町」という意味である。

また、マハトマ・ガンジーの出身地に近く、独立運動を開始した町として知られる「アーメダバード」は、1411年、イスラム教徒のアーマド1世によって建設されたことを記念し、「アーマド王の町」と命名された。

インドの隣国のパキスタンにも、首都の「イスラマバード」に「ファイサラバード」と、「バード」のつく都市がある。

イスラマバードは、何もない土地に植林し、建設された都市で、1961年から工事が始まり、2年後には首都となった。そのとき、イスラム教が国教であることから、「イスラムの町」という意味で、こう名づけられた。

また、「ファイサラバード」という都市は、旧名を「リャルプール」といったが、都市再開発の大スポンサーだったサウジアラビアのファイサル国王を記念して、この地名に改められた。「ファイサルの町」という意味だ。

『珍島物語』の「珍島」ってどんなところ?

『珍島《ちんど》物語』は、平成8年の天童よしみのヒット曲で、この年の日本レコード大賞最優秀歌唱賞をはじめ、数々の賞を受賞した。

では、珍島とは、どんなところなのだろうか？

珍島は、韓国南西の端にある小さな島。この島の回洞という村の沖に、茅島という小島がある。この間、約2・8キロ。これが年に1回だけ、モーゼの奇跡のごとく海が割れ、道が開けるのだという。

もちろん、神秘現象の類ではなく、もともと潮の干満の差が大きな海域なので、大潮の日に大きく潮が引くと、海底が露出して島との間がつながって、〝道〟ができるというわけだ。

この「海の道」には、古くから伝わる伝説がある。

李朝時代のこと、この付近にトラが出没するようになったため、住民は茅島へ避難することになった。ところが、1人の老婆が村に取り残されてしまった。

老婆は山に登り、竜王様に「家族に会わせてください」と祈願した。その熱心さに竜王も心を動かされ、茅島まで虹の橋をかけてやろうと約束した。

そして、実現したのが「海の道」。老婆は家族との再会を果たすことができた、という話だ。

以来、「海の道」が表れる時期になると、竜王様の恩に報いるために「霊登祭」を行うようになったといわれている。

日本でも歌に歌われるくらいだから、韓国でも珍島は有名な観光地で、毎年、「海の道」が現れる日には、多くの観光客が押し寄せる。

その光景は「海の道」というより、むしろ「人の道」だが、それはそれで、なかなか神秘的で、たしかに「モーゼの奇跡」もこんな様子だったろうと思わせるところがある。

フィリピンと「台風」の切っても切れない関係とは？

北緯4度23分から21度25分、東経116度から126度30分——フィリピンは、たまたまこの台風の通り道に位置しているため、昔からたいへんな目に遭ってきている。

フィリピンに台風が来襲する回数は、毎年20〜30回にもなる。このうち上陸するのは、年平均で9回。ちなみに、日本の場合、台風の上陸は毎年3回程度だから、フィリピンは3倍となる。シーズンになると、ひと月に2回は〝台風上陸〟があることになり、気を抜けない。

被害のほうも深刻で、たとえば、2004年には、台風25号、26号、熱帯低気圧「ウィニー」、台風27号が相次いで来襲し、死者1000人以上、損壊家屋13万棟以上という被害に見舞われている。

そこで、フィリピンの気象庁では、毎年台風シーズンになると、4段階の警報を出して、国民に注意を呼びかけている。

シグナル1は、「小さな木の枝が折れる」程度の暴風雨。

シグナル2は、「ココナツの木が倒れたり傾いたりする」程度で、一部の学校や会社は休みになる。

シグナル3は、「ほとんどすべてのバナナの木が倒れる」レベルで、学校や会社はすべて休み。

シグナル4になると、「大きな木が根倒しになる」。ちなみに、この段階では「避難す

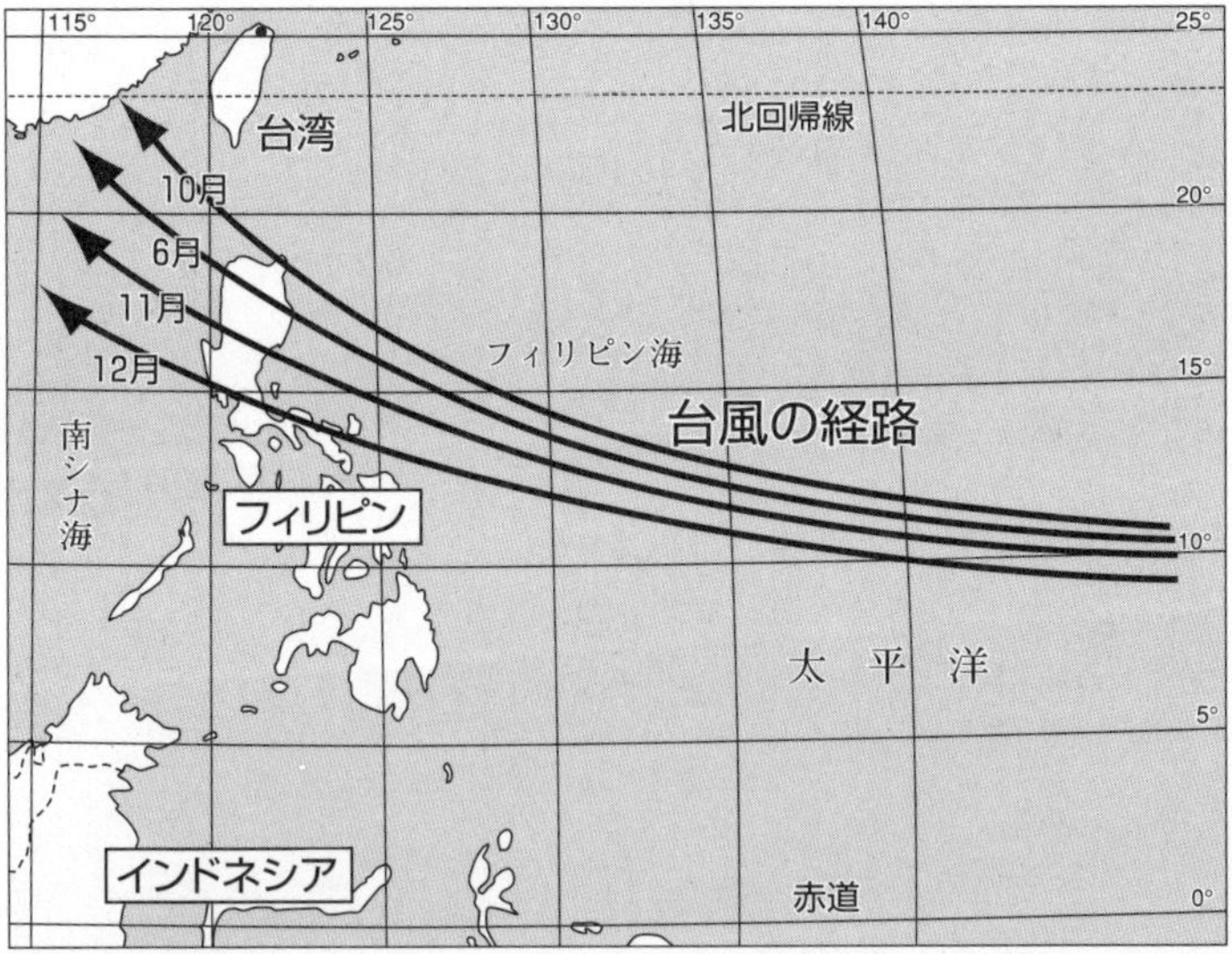

るには遅すぎる」とのこと。

フィリピンに行くなら、台風シーズンを避けることをおすすめしたい。

バグダッドの地名が「封印」された時期があるって本当？

イラクの首都は、ご存じのように、バグダッドである。チグリス川沿いの肥沃な土地にあり、古くから文明が栄えた都市だ。水上交通の要衝であったことから、周辺地域の物流の中心地だった。

「バグダッド」という地名がつけられたのは、4000年以上も前のことと見られ、ペルシャ語で「神」を意味する「バグ」と、「贈り物」を意味する「ダッド」との合成語である。水にも肥沃な土地にも恵まれたバグダッドは、たしかに、「神からの贈り物」だった。

しかし、バグダッドは、8世紀から約900年間も、この美しい名前を封印していた時期がある。

古代文明が栄えたバグダッドも、8世紀までの約2500年間は、一寒村に成り下がり、政治の舞台にも登場しないまま、時だけが過ぎていった。

バグダッドが、再び政治の表舞台に登場するのは、762年。イスラム教国アッバース朝の2代カリフが、ここに新都を置いたからである。

しかし、同時に、カリフは地名も変えてしまう。「平和の城市」という意味の「ダルエスサラム」に改名し、バグダッドの名を捨てたのである。

バグダッドという名が復活するには、それから約900年も待たなければならなかった。

17世紀になってオスマン・トルコの支配下に入ったとき、もとの「バグダッド」という名が復活したのだ。

そして、イギリスの委託統治を経て、1921年、新たに成立したイラク王国の首都となった。

バグダッドの人口は、アッバース朝の最盛期を迎えた9世紀から10世紀にかけて100万人を超えたが、その後、増えたり減ったりしながら、イギリス統治下の1900年には、14万人まで減少。

それが、イラク戦争直前には、500万人以上にまで増えていた。現在の人口が、どれくらいになっているかは、残念ながら不明である。

アレクサンドロス大王と関係が深い二つの都市ってどこ？

アフガニスタン内戦で、タリバンが根拠地としたのは、南部の「カンダハル」という都市だった。

首都のカブールに次ぐ、アフガニスタン第2の都市で、この「カンダハル」という地名は、紀元前に大帝国を築いたアレクサンドロス大王に由来する。

紀元前336年、ギリシャの辺境にあったマケドニアの王に、20歳のアレクサンドロス3世が就任する。

彼は、2年足らずでギリシャ全土を制圧し、東方へ遠征に出る。またたく間にアケメネス朝ペルシャ、エジプトを征服。さらに東へ進み、ペルシャの重要都市や中央アジアの各都市を陥落させ、大帝国を築きあげた。

このとき、アレクサンドロス3世は、現在のカンダハルに都市を建設して、「アラコシアのアレクサンドリア」と名づけた。「アラコシア」は古代ペルシャの地方名なので、意味は「アラコシアにあるアレクサンドロス大王の町」となる。

その後、この長い地名のうち、「アレクサンドリア」だけが残り、やがて「サンドリア」↓「カンダハル」と変化したのである。

また、アレクサンドロス大王は、エジプトを征服したとき、ナイル河の河口に「アレクサンドリア」という都市を建設し、この都市の名も現在まで残っている。

アレクサンドロス大王は、各地に都市を建設したが、エジプト第2の都市になったアレクサンドリアと、このカンダハルが、彼の築き上げた帝国の名残といっていいだろう。

インドの首都は、デリー？ それともニューデリー？

「ムンバイ」「チェンナイ」「コルカタ」と聞いても、すぐには、どこのことかわからない人が多いのではないだろうか。

一方、「ボンベイ」「マドラス」「カルカッタ」とくれば、いずれもインドの大都市だとすぐに理解できるだろう。

実は、ここ十年ほどの間に、インドの四大都市のうちの三つで、地名が改められている。三つとも、イギリス植民地時代の都市名が、もともとの地名に戻されたのである。

まず、1995年に改名されたのが、旧ボンベイ。この地には、もともとパールバティ女神の化身ムンバにちなみ、地元のマラティ語で「ムンバイ」という地名があった。それが、ヨーロッパ人の来航後、ポルトガル語に由来する「ボンベイ」となり、世界に知られることになった。イギリスの植民地時代も、そう呼ばれていたのが、古来の地名に戻されたのである。

さらに、1997年8月に独立50周年を迎え、都市名の英語表記が大問題となった。その前年の総選挙で、地方政党が大躍進したことで、「地方の時代」が叫ばれたことが、ナショナリズムと結びつき、植民地時代の地名の改名に拍車をかけることになった。

たとえば、旧マドラスが、1998年にタミル語の「チェンナイ」に、旧カルカッタが、2001年、この地の女神の聖地「カーリーガート」に由来するといわれるベンガル語の「コルカタ」に改名された。また「ベンガル語」の「ベンガル」も「バングラ」に改められている。

さて、四大都市のうち、残る首都の「ニューデリー」も、地図によっては「デリー」と表記されている。

ここは改名したわけではなく、もともとデリーの中にニューデリーという行政地区ができたという経緯なので、インドの首都としては、「デリー」でも「ニューデリー」でも間違いではないそうだ。

バングラデシュが毎年洪水に見舞われるのはなぜ？

バングラデシュという国が誕生したのは1971年のこと。それまでは「東パキスタン」と呼ばれ、パキスタンの一部だったのだが、この年、パキスタンとの「内戦」を経て、悲願の独立を果たす。内戦は終結したものの、現在なおバングラデシュをとりまく状況は厳しい。

バングラデシュの経済が好転しない理由としては、いろいろなことが挙げられるが、最大の原因とされるのは、毎年、洪水に見舞われること。例年の大洪水で甚大な被害が出るのである。

バングラデシュで毎年洪水が起きるのは、「洪水が起きる条件がすべてそろっているから」としか言いようがない。

第1は雨量。バングラデシュの気候は、雨季と乾季のある熱帯モンスーン気候で、5月から10月の雨季に大量の雨が降る。

とくに北部のインド・アッサム地方は、世界でもっとも降水量の多い地域の一つで、1年間に2万ミリメートル以上の雨が降ることもある。

第2は地形。バングラデシュは、ガンジス川とブラマプトラ川がつくる巨大なデルタ地帯にあって、もともと洪水がひじょうに起きやすい場所。この一帯は平均海抜が低く、水がなかなか海に流れ込まない。

これも、バングラデシュの洪水が大惨事になる原因だ。

第3は経済状況。バングラデシュが「世界最貧国」の一つとされていることは知られているが、経済がそのような状況なので、災害対策に回すお金がない。

これも、洪水による被害を大きくしている原因とされている。

バングラデシュの洪水に関しては、国際社会も重要課題としているが、決定的な解決策は今のところ見つかっていない。

サウジアラビアの国旗の文字はなんて書いてある?

国旗には、文字が書かれているものもある。中でも、もっとも目立つのがサウジアラビアの国旗である。イスラム教にとって神聖な緑色をバックに、アラビア文字が白く染め抜かれている。

その意味は、「アラー以外に神は存在しない。ムハンマド（マホメット）は、神の預言者である」。イスラムの聖地メッカのある国らしく、コーランの一節が書かれているのだ。

また、アラビア文字の下に描かれた剣は、聖地メッカを守護することを表すという。

したがって、サウジアラビアの国旗は、単に国民だけでなく、イスラム教徒全体にとっても神聖なもので、取り扱いにも厳しい制約がある。

たとえば、Tシャツやその他にプリントすることは厳禁。ポールに掲げるときも、どちらから見ても文字が逆さにならないよう、2枚の国旗を張り合わせることになっている。さらに、国旗を地面や水につけることはもちろん、半旗にすることもタブーである。

サウジアラビア以外に、文字の書かれた国旗というと、やはりイスラム諸国が目立つ。たとえば、イラク国旗には「アッラー・アクバル（神は偉大なり）」というアラビア文字が入っているし、イランは「神は偉大なり」という言葉が22回くり返して書かれている。

アジアのイスラム教国ブルネイの国旗にも、「神の導きにより常に奉仕」という言葉と「ブルネイ・ダルサラーム」という国名が書かれている。

それ以外では、アンドラ公国の国旗に、ラテン語で「結合した徳行はより強力なり」、サンマリノの国旗にイタリア語で「自由」、ハイチはフランス語で「団結は力」、ブラジルはポルトガル語で「秩序と進歩」と書かれているのが、よく知られている。

トルコが意外に寒いのはどうして？

日本人には、「イスラム圏」＝「砂漠」＝「暑い国」というイメージが定着しているようで、トルコも「暑い国」と思っている人もいるかもしれない。しかし、これは大きな誤解である。

トルコは、エーゲ海や地中海に面した南部、黒海の沿岸の北部、アナトリア半島の内陸部、アナトリア半島の東部などに分けられるが、「暑い」といえるのは、アナトリア半島の内陸部の一部だけ。

イスタンブールの周辺やエーゲ海、地中海の沿岸部などは、夏でも南欧のリゾート地のように過ごしやすい。

また、内陸部にしても、最高気温は36℃から37℃くらいまで上がることもあるが、空気がカラッと乾燥しているので、日本のような蒸し暑さは感じない。

一方、トルコの冬は厳しく、首都アンカラでは、氷点下25℃を記録したこともあるほどで、雪が降ることも珍しくない。

グルジアやアルメニア、イランなどと国境を接しているアナトリア半島東部になると、冬の冷え込みはさらに厳しく、冬季は雪景色になる。

これらの地域の冬が厳しいのは、標高が高いから。緯度だけを見ても、その土地の気候はわからない。実際、トルコの中でもっとも北に位置する黒海沿岸は、標高が低いうえ、黒海の温かい水の影響で、冬でも暖かく過ごしやすい。

トルコの隣に位置するイランも「灼熱の砂漠の国」と思われているが、ここも標高が高いため、首都テヘランでは「屋根の雪下ろし」が冬の風物詩になっている。北のカスピ海沿岸部になると、夏でも25℃ぐらいまでしか気温は上がらないし、冬の気温は氷点下まで下がる。ただし、南部のペルシャ湾岸は、夏は

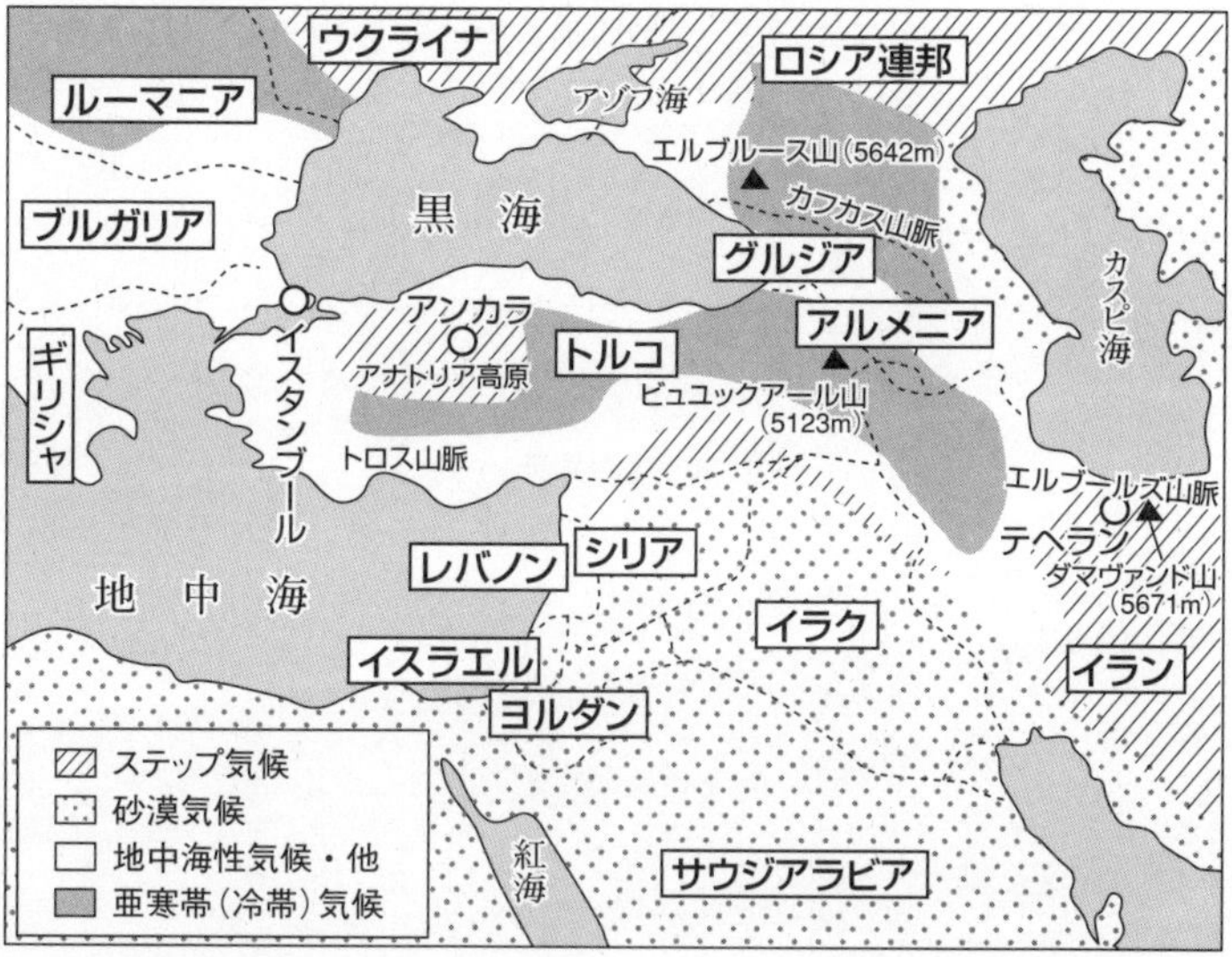

40℃を超える酷暑になる。

なぜタイには二つの〝国歌〟があるのか？

タイでは、朝の8時と夕方の6時、駅や学校など、人の集まるところで、国歌が流れる。バンコクのような大都市では、立ち止まらない人もいるが、地方では、その瞬間、多くの人が直立不動になる。国歌に敬意を表すためである。

タイの国歌は、元気のいいリズミカルな曲で、「互いに心を合わせて平和を守り、命を捧げてもこの国を守る」という意味の歌詞がついている。

国際大会でタイ人選手が金メダルを取れば、表彰式でこの国歌が流れる。

ところが、タイには〝第2国歌〟といってもいいほど、国民に親しまれている曲がある。『国王賛歌』である。こちらはスローバラード風の落ち着いた曲で、各種式典や映画の上映前などに流されている。

正式な国歌と準国歌。この二つの〝国歌〟を使い分けて、どちらか一つに絞りきらないところが、いかにもタイらしいやり方といわれている。

最初に曲が作られたのは、スローバラード風の『国王賛歌』のほうである。当初、国王を讃える歌として、関係の深いイギリス国歌が使われていたが、1800年代後半、オランダのヘーウッドセーンという作曲家に依頼。新たに作られた曲に、タイの古典曲を加味して、完成させた。

一方、元気がよくリズミカルな国歌は、1939年、国名が「シャム」から「タイ」に変更されたのをきっかけに、作詞コンテストを開いて決められた。その7年前に作られていた曲に合う歌詞を募った結果、「われらタイ国の民は 互いに心を合わせ」で始まる「陸軍部隊」の歌詞が採用され、正式な国歌となった。

タイは、東南アジアで唯一植民地にならなかった国だが、国歌制定当時のタイは、アジア侵略を進める日本とも友好関係を結びつつ、昔から関係の深いイギリスを通じて連合軍ともコンタクトを取り続けていた。

対象を一つに絞らず、どちらとも折り合いをつけていく。この〝国歌〟の使い分けも、穏やかで、あまり細かいことは気にしないという、タイの国民性がもつバランス感覚の表れといえるかもしれない。

板門店には本当に「お店」があるのか？

韓国旅行の目玉に、「板門店ツアー」がある。

板門店は、朝鮮戦争の休戦協定が結ばれたところで、現在は、南北の非武装地帯として、両国の共同管理下に置かれている。ここでは、1本の国境を挟んで向き合う南北兵士や施設が見学できる。日本人観光客にも、このツアーに参加する人は少なくない。

韓国語では「パンムンジョム」と呼ばれるが、漢字で書くと「板門店」となる。この地名を見ると、かつては、お店が建ち並んでいたのかと思うかもしれないが、高麗時代のこの地は、旅館がポツンとあるだけの寒村だったという。その旅館は、門が木の板でつくられていたので、「板門店」と呼ばれていた。その旅館の名前が、そのまま地名になったというわけだ。

現在は、非武装地帯となっているので、誰も住んでいないと思われるが、実は、板門店から南西に1・5キロのところに「自由の村」という集落があり、30世帯約200人ほどが住んでいる。昔からの住人で、もし軍事衝突が起これば、最前線となることから、国連軍の管理下に置かれ、税金や兵役を免除されているという。板門店ツアーでは、この自由の村もバスの中から見られる。

一方、北朝鮮側にも「平和の村」という集落があるが、生活のにおいが感じられず、韓国人ガイドの説明によると宣伝用ではないかということだ。

シベリアでは、凍った土の上にどうやってビルを建てている？

ロシアのシベリアというと、草も木もない不毛の地と思っている人が多いが、これは誤解。シベリアにも都市はあり、人々はちゃんと生活を営んでいる。たしかに、シベリアの冬は厳しく、氷点下40℃、50℃という日が続くが、決して住めないところではない。

しかし、「住めないことはない」といっても、シベリアで生き抜くには、それなりの工夫が必要である。

たとえば、シベリアの建物を見ると、平屋も高層ビルも「高床式」で、地面と建物の間が空いている。これも、シベリアで生き抜くための工夫の一つである。

建物を高床式にするのは、シベリアの大地が永久凍土でできているから。永久凍土の堅さはコンクリート並なので、地面の上にじかに建物を建てることも可能なのだが、建物が地面に接していると、暖房熱で永久凍土が溶けて、地盤がゆるむおそれがある。

そこで、シベリアでは、まず永久凍土に支柱を打ち込み、地表から1メートルから2メートルくらいのところに土台をつくり、その上に建物を建てる。こうすれば、人間の生み出す熱が永久凍土におよぶことはないというわけだ。

ところで、氷点下40℃、50℃という寒さは、日本ではなかなか経験できないが、シベリア暮らしの経験者に聞くと、「寒いと感じるのは、氷点下15℃くらいまで。そこから先は気温がどんなに下がっても、違いはよくわからない」とのこと。「ただし、氷点下30℃を下回ると、突然メガネが割れたり、時計が動かなくなったりするので、ただ事でないことはわかる」という話だった。

ソウルで〝高層アパート〟が増えた三つの理由とは？

最初に断っておくが、この項でいう「高層アパート」とは日本でいう「高層マンション」のこと。韓国では、4、5階建ての集合住宅のことを「マンション」といい、それより高層の〝マンション〟を「アパート」という。

韓国へ行って、この「高層アパート」群を見ると、誰もがそのスケールに驚かされる。同じカタチの箱形の建物が何棟も並んで建っているのは日本の団地と同じだが、日本の場合はせいぜい5、6階建て。ところが、韓国の「アパート」は10～20階建てが普通だから、そのボリューム感は日本の比ではない。

では、いったいなぜ、ソウルでは高層アパートがこんなに増えたのだろう？

理由は三つある。

一つは、驚異的な経済成長。1962年から、韓国の総GNPは23億ドルから6053億ドルに、国民1人当たりで計算しても87ドルから1万2634ドルと、実に100倍以上にも成長した。つまり、国をあげて豊かになったのだ。

二つめは、韓国は日本以上に土地が狭い。国土の約70％が山岳地帯である韓国では、どうしても都市部に人口が集中する。とくに、首都ソウルには、韓国の全人口の実に4分の1が集中している。土地がなければ、建物は上に伸びるしかない。

そして三つめは、地震が少ないこと。日本のように大きな地震がほとんどない韓国だからこそ、20階建てなどという高層集合住宅が比較的低コストで建てられるのだ。

そういうわけで、1988年ソウルオリンピックを機に、ソウル郊外では高層アパートの建設ラッシュが始まった。

日本では、住宅といえば庭付き一戸建てがステイタスだが、韓国ではむしろ「高層アパート」のほうが人気がある。近代的マンションのほうが便利で快適、セキュリティもしっかりしているからだ。内装もゴージャスな物件が多く、間取りも広々として使いやすい。

また、ほとんどの物件で「オンドル式」の床暖房を完備。仙台と同じ緯度に位置するソウルでも、冬でも快適に過ごせるのだ。

フィリピンの国歌には、なぜいくつも〝歌詞〟がある?

日本の国歌『君が代』の歌詞は、日本語しかない。ところが、フィリピンの国歌には、4カ国語の歌詞があり、どれも正式な国歌として認められている。

フィリピン国歌が公式に発表されたのは、1898年6月12日、独立宣言の国旗掲揚のときだった。

その翌年、この曲に、詩人フリアン・パルマが詩をつけたが、これはスペイン語だった。長くスペインの植民地だったフィリピンでは、詩はスペイン語で書くのが普通で、作詞したのはフィリピン人でも、当時の慣習にしたがい、スペイン語で詩をつけたのである。

その歌詞は「この神聖な国の浜辺を侵略者たちが踏みにじることはできない」と、侵略に対して強い嫌悪を表現したものだった。

その後、フィリピンがアメリカの統治下に置かれたとき、スペイン語の詩が、英語と、現地のタガログ語に訳された。このとき、初めて一般庶民も国歌の意味を知ることになったが、英語とタガログ語のどちらも正式のものとされたため、フィリピン国歌は三とおりの歌詞をもつことになった。

四つめの歌詞は、マルコス大統領とイメルダ夫人が追放された1986年2月の政変後に作られた。反政府活動を続けるイスラム教徒との宥和をはかるため、アラビア語の歌詞が作られたのである。

なお、現在では、一般的には、現地の言葉であるタガログ語で歌われている。

また、フィリピンには、もう1曲、準国歌的に親しまれている『わが祖国』という曲がある。86年の政変当時、ラジオやテレビでひっきりなしに流されていたので、日本人には、この『わが祖国』を知っている人のほうが多いかもしれない。

「重慶」で酸性雨の被害が大きい地理的要因とは？

酸性雨はその名のとおり、酸性を帯びた雨のことで、人体はもちろん、自然環境にもさまざまな悪影響をおよぼす。土壌が変質し、農作物がとれなくなってしまった話や、森林が枯死した話は枚挙にいとまがない。

酸性雨は、今、世界じゅうで問題になっているが、もっとも酸性雨による被害が大きいといわれるのは、中国四川省の重慶である。

重慶は、長江の上流に開けた港湾都市で、紀元前11世紀の周の時代までさかのぼることができるほど歴史は古く、現代では工業都市として中国経済に重要な位置を占めているところ。しかし、一方で、深刻な酸性雨問題を抱えていて、環境問題の専門家や市民運動家などの間では、「酸性雨といえば重慶、重慶といえば酸性雨」といわれるほど。日本にも酸性雨は降るが、重慶の雨をなめると「レモンジュースの味がする」というほどだ。

なぜ、重慶で酸性雨の被害が大きくなったかというと、二つの原因がある。

一つは、石炭である。重慶に酸性雨が降るのは、大気中の二酸化イオウが多いからだが、この二酸化イオウを増やしているのは石炭。重慶では、発電所も製鉄所も石炭をエネルギーとしているので、ほかの地域よりも石炭消費量が多いのである。

もう一つは、地形。重慶は四川盆地にあるため、もともと空気の流れが悪い。そのため、大気中の二酸化イオウは外に流れず、濃度は高くなる一方。これも、酸性雨の被害を大きくしている要因とされる。

今、中国は石炭から石油へとエネルギーの転換を図っているが、13億もの人口を抱える国。すべてが一気に変わるわけではない。この問題が解決するには、まだまだ時間がかかるだろう。

スリランカの首都が「コロンボ」から変わったワケは?

「スリランカの首都は?」と問われれば、今でも「コロンボ」と答える人がいるかもしれない。しかし、1985年から、首都は「スリジャヤワルダナプラコッテ」に置かれている。「スリランカ」は、かつて英連邦内の自治国で「セイロン」という国名だった。1972年に共和国として完全独立するにあたり、国名を「スリランカ」と改めた。

「スリランカ」とは、サンスクリット語で、「聖なる光り輝く島」という意味。「スリ」が聖なる、「ランカ」が光り輝くで、独立と同時に、植民地時代の地名を捨て去り、先祖のつけた誇らしい国名に戻されたのである。

「光り輝く島」という名のとおり、スリランカは、島全体が宝石でできているといわれるくらい、宝石の産地として知られている。ルビーやサファイア、キャッツアイ、アレキサンドライトなど、人気の高い宝石のほか、タ一フェアイト、シンハライト、コーネルピンといったレアストーンでも有名。また、鉛筆の芯となる黒鉛の埋蔵量も世界一多い。

そして、最大の特産物は、世界全体の約10％を産出し、「セイロンティー」という高級茶で知られるお茶である。

スリランカでは、仏教徒であるシンハラ人と、ヒンドゥー教徒であるタミル人がよく内紛を起こすが、「スリランカ」というのは、シンハラ人の呼び名である。これに対して、タミル語の公称国名もあり、「ランカ」がなまって「イーランガイ」という。

ちなみに、昔の国名「セイロン」は、「ライオンの島」という意味だった。また、昔の首都である「コロンボ」という地名は、ポルトガルの植民地時代の16世紀に、探検家のコロンブスにちなんでつけられたものだった。

③南・北アメリカ

「パタゴニア」で吹き荒れる風の正体は？

南米の旅行ガイドを見ると、「パタゴニア」という地名がよく出てくるが、これは国や都市の名前ではなく、南米大陸の南端、南緯40度以南の地域の総称。「パタゴニア」とはスペイン語で「大きな足」を意味し、先住民が毛皮の靴を履いていたことから、世界一周を初めてなしとげたマゼランが名づけたとされている。

面積は日本の約3倍もあり、南北に走るアンデス山脈を境に、国としてはチリとアルゼンチンに分かれるが、このパタゴニア、「風の大地」とも呼ばれている。というのも、風速30メートル程度の風が毎日のように吹いているからだ。日本人の感覚からすれば、毎日

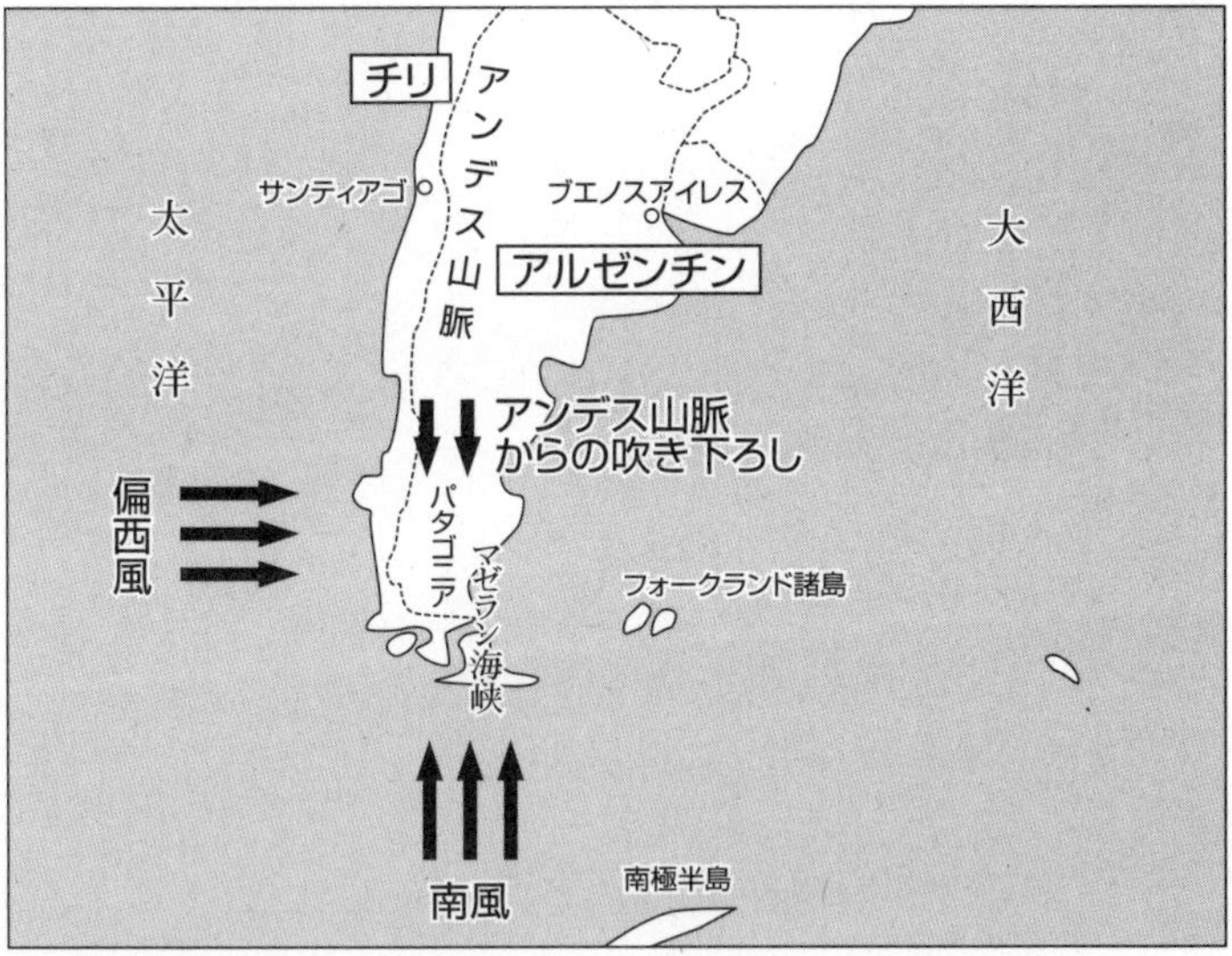

が台風、という感じである。

パタゴニアで嵐が吹き荒れる理由は、ここが〝三つの風〟が重なる場所だからである。一つは、西から吹いてくる偏西風、二つめは、太平洋上と南極海上の気圧差から起こる南風。三つめは、アンデス山脈から吹き下ろす風。この三つの風はどれも1年じゅう吹いているものなので、パタゴニアでは風が止むことがないのである。

日照時間の短い北欧やロシアでは、より多く太陽の光を浴びるため、樹木が南に傾いて成長するが、パタゴニアの南部では、逆に樹木が北に傾いている。これは、太陽の光を浴びるためではなく、南から吹く風がとりわけ強いから。要するに、南極から来る風によって、押し曲げられているのだ。

木が曲がるほどの風の中で人間は暮らせる

のだろうか、と考えてしまうが、答えはイエス。パタゴニアの人々は風速が30メートルを超える日でも、ごく普通に日常生活を送っている。風が強いのは今に始まったことではないので、人々はみごと適応しているのだ。

どうして「バージン諸島」は二つある？

カリブ海に浮かぶバージン諸島はリゾート地として知られるが、旅行代理店で「カリブ海のバージン諸島に行きたい」といっても、それだけではうまく話が通じないだろう。カリブ海には、「バージン諸島」が二つあるからだ。一つはアメリカ領、もう一つはイギリス領で、統治する国からして違う。

一般にリゾート地として知られるのはアメリカ領のほう。セント・クロイ島をはじめ、約100の島と岩礁からなり、総面積は約350平方キロメートル、人口は約10万人。

一方、イギリス領のバージン諸島は、アメリカ領の東側に位置し、約40の島からなり、総面積は約150平方キロメートル。人口は1万人程度だ。

どちらも同じ名前なのは、もともと「バージン諸島」とはアメリカ領とイギリス領の二つの部分を合わせた地域を指す地名で、当初は一つだったからである。

二つに分かれたのは1672年のこと。この年東部がイギリス、西部がデンマークの支配下に置かれ、バージン諸島は東西に分断される。1917年、西部はアメリカ領となるが、これはデンマークがアメリカに売ったため。売値は2500万ドルだったという。

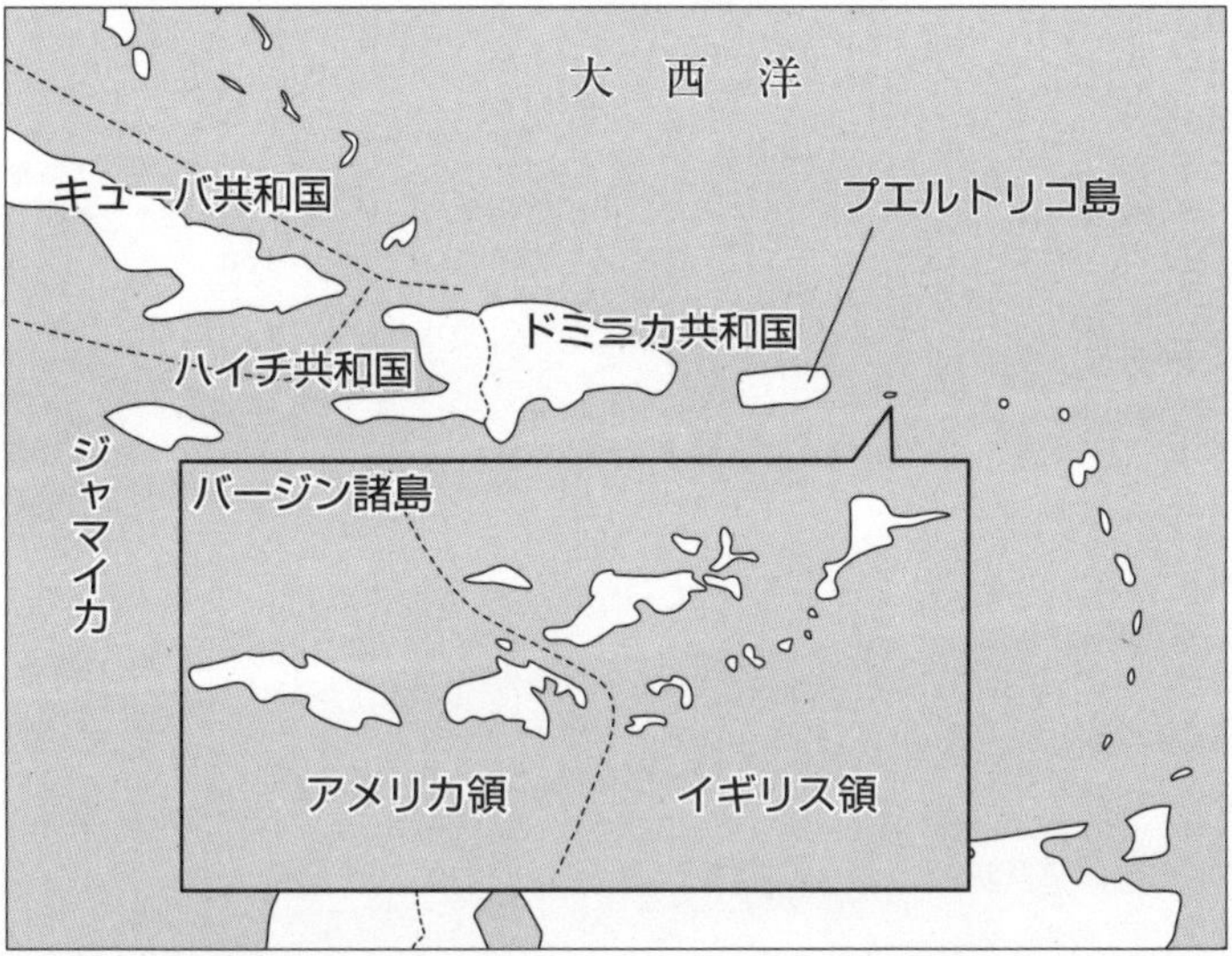

ちなみに「クリスマス島」という名の島も二つある。一つは太平洋上にあり、キリバス共和国に属する。名づけ親はかのキャプテン・クックで、「1777年のクリスマス・イヴの日に発見したのでこの名がつけられた」とされている。もう一つはインド洋上にあり、オーストラリア領。こちらは、17世紀はじめの海図に記されているが、クリスマス島と名づけられたのは、1643年のクリスマスの日に、イギリス東インド会社の貿易船がこの島に到着したからとされている。

細長い国チリの東西の〝幅〟はどのくらい？

日本は南北に長い国だが、地球上には、日本よりも南北に長い国がある。南米大陸西岸の国チリである。日本の南北の距離は約３０００キロメートルだが、チリは約４３００キロメートル。

一方、東西の幅は日本以上に狭く、チリの平均は約１８０キロメートルで、もっとも広いところでも４２６キロメートルしかない。もっとも狭いところになると約１００キロメートルである。

しかし、面積は75万７０００平方キロメートルで、日本の面積の約2倍あるから、チリは決して狭い国ではない。地図を見ると狭く見えるが、これは南米大陸の大きさからくる一種の目の錯覚といえる。

チリの国土を北部、中部、南部の三つに分けると、ペルー、ボリビアとの国境がある北部は砂漠地帯、中部は肥沃な平野、南部は森林地帯で、その最南端は氷河、フィヨルドの南極圏と、地域によってまったく気候が違う。首都のサンティアゴがあるのは中部で、ここには日本と同じように四季がある。

チリの東側にはアンデス山脈が立ちはだかり、その向こう側はアルゼンチンだが、チリとアルゼンチンの国境はひじょうに入り組んでいて、行き先によっては、何度も二国間を行ったり来たりしなければならない。

ともあれ、チリは砂漠、氷河、太平洋、大山脈とスケールの大きな自然の詰まった国。日本からだと飛行機で約30時間ほどかかるが、一見の価値ある国である。

メキシコ、ジャマイカ、キューバの国名に共通するのは？

昔からサッカーの強豪国であるメキシコ

は、2002年のワールドカップ日韓大会にも出場し、本国から多くのサポーターが来日した。その声援を聞いていると、「メヒコ、メヒコ」と叫んでいた。「メヒコ」というのが本来の呼び名というわけだ。

かつて、アステカ王国の栄えた地に、スペイン軍が侵攻したのは1521年のこと。高度な文明を誇った王国を破壊して植民地としたが、その中心都市を「メヒコ」と名づけた。「メヒコ」は、先住民であるアステカ族の信仰した守護神メヒクトリにちなんでいる。

「メキシコ」は「メヒコ（Mexico）」を英語読みしたもの。スペインやポルトガルに代わって、大英帝国が世界へ勢力を伸ばすにしたがって、「メキシコ」という呼び名が広まった。日本での呼び名も、この英語読みに基づいている。

メキシコと同じように、日本で英語読みが一般化している中米の国名としては、ほかにジャマイカとキューバがある。

ジャマイカは、先住民のアラワック族によって、「泉の島」という意味の「ハイマカ」と名づけられていた。石灰岩による地下洞穴が多く、地下水が良質の泉としてあちこちで湧き出しているためである。

コロンブスは、第2次探検のときにこの島を発見。その日のカトリック暦の聖者名から、「サンチャゴ島（聖ヤコブ）」と名づけたが、現地では「ハイマカ」という名が使われ続けていた。1660年以降のイギリス占領時代に、英語式発音に改められ「ジャマイカ」となったのである。

また、キューバも、コロンブスによって発見されたとき、当時のスペイン皇女にちなんで、「ファナ」と命名された。しかし、これに反発した現地の人々は、古くからの「クーバ」という名前で今も呼び続けている。「キューバ」は、それを英語読みしたものだ。

どうしてサンフランシスコは世界一の坂の街になった?

サンフランシスコが〝坂の街〟として、特徴ある景観を生み出した背景には、19世紀のゴールドラッシュが関係している。

1848年、シエラネヴァダ山脈で金鉱が発見される。すると、アメリカ全土から、一攫千金を夢見る人々が西海岸に押し寄せた。これが、ゴールドラッシュだ。当時、人口数百人にすぎなかった田舎町サンフランシスコは、一気に人口1万人以上にふくれあがり、街づくりを急速に進める必要に迫られた。

つまり、サンフランシスコという都市は、時間をかけてできあがっていったわけではなく、短期間に人工的につくりあげられた都市なのだ。

長い年月のうちに少しずつ人口が増え、自然と広がった都市なら、道は行き来がラクなよう急勾配を避け、坂を斜めに下りてくることが多くなる。

ところが、人工都市サンフランシスコでは、平地の都市計画で実施されるような格子状の道路網プランをそのまま適用。飛行機で上空から眺めると、起伏に関係なく無理矢理という感じで格子状になっているのがわかる。

そういうわけで、サンフランシスコでは、幹線道路でも、ほとんどスキーのジャンプ台のように急勾配の坂が、海に向かってまっすぐ下っている。それが、あの特徴的な景観を生み出した、というわけだ。

ちなみに、坂を行き来する〝名物〟ケーブルカーも、ゴールドラッシュと関係がある。

1868年のこと、当時はまだ馬車が主な交通手段だったが、ある霧の深い夜、馬が足を滑らせ、馬車ごと急坂を転がり落ちるという事故があった。幸い乗客は無事だったが、4頭の馬は絶命。たまたまこの事故を目撃していたアンドリュー・ハーディは、金鉱のケーブルカーを設計したこともある技師だった。その技術を応用して、なんとか安全な交通手段をと、1873年にこのケーブルカーを発明する。

こうして、ゴールドラッシュの夢が去ったあとも、サンフランシスコには、美しい町並みが残された、というわけだ。

ハワイのカウアイ島に世界一雨が降るのはなぜ?

日本では、3日も雨が降り続くとうんざりしてくるが、世界には3日どころか、毎日のように雨が降るところもある。

今、世界でいちばん雨が多いとされるのは、ハワイ諸島最北端に位置するカウアイ島のワイアレアレ山だ。

ハワイは、高温多湿が特徴の熱帯雨林気候なので、もともと雨が多いのだが、ワイアレアレ山の雨の多さは尋常ではない。なんと、1年間に350日も雨が降った記録があるくらいだ。要するに、雨が降らなかった日は15日しかなかったわけで、熱帯雨林地帯でも、ここまで雨の多いところは珍しい。カウアイ島の人たちから見れば、日本の梅雨ですら「おしめり」程度のものかもしれない。

ワイアレアレ山では、なぜこれほどまでに雨が降るのだろうか？

まず、太平洋上の暖かく水分をたっぷり含んだ大気が、風に乗ってワイアレアレ山にぶつかる。ぶつかった大気はワイアレアレ山に沿って上昇。山頂付近までいくと大気は冷えて雨雲が発生し、雨が降るというわけだ。要するに、太平洋の真ん中に、突然山脈が屹立するハワイ独特の地形が雨を生むのである。

カウアイ島では、1年じゅう雨が降るため、その生態系はハワイ諸島の中でも独特のものになっている。ジャングルが生い茂り、他の島では見ることのできない植物もたくさん生育している。ハワイは「地上の楽園」といわれるが、カウアイ島は「植物の楽園」でもあるというわけだ。

日本では、ハワイ旅行というと、オアフ島、ハワイ島、マウイ島の3島が定番だが、4番めに大きいのがカウアイ島で、歴史はこの島がもっとも古い。また、この島はアメリカ国内にあるジャングルという特徴から、映画『キングコング』や『ジュラシック・パーク』のロケ地に選ばれている。

セントラルパークの〝迷子石〟は誰が運んできたのか？

ニューヨークのセントラルパークに行くと、地面から大きな石がところどころに顔を出している。考えてみれば不思議な話で、いったいこの石は、どこからころがってきたのだろう？　なぜ、平地に唐突に巨石があるのだろう？

このような石は「迷子石」と呼ばれ、ヨーロッパや北米大陸ではよく見られる現象だ。それにしても、平原や森の中に、なぜか巨大な石が顔を出し、しかも、その付近の地質からは産出することのない岩石だったりするのだから、不思議な話である。

この迷子石、19世紀までは、聖書に記された「ノアの洪水」によるものと考えられていた。ダーウィンが進化論を唱える以前のこと、そのころはまだ聖書は史実と信じられていたし、迷子石こそ〝動かぬ〟証拠の一つと見られていたのだ。

ところが、今から160年余り前、この迷子石に思いをめぐらしているとき、ふとひらめいた男がいた。スイスの博物学者のルイ・アガシーは、スイスの学会で魚類化石に関する講演をするはずだったのだが、演題を急きょ変更。「地球にはかつて、地表を厚い氷に覆われていた時代、つまり氷河時代があった。迷子石は、洪水ではなく氷河によって運ばれてきた」という自説を熱く語ったのだ。

聴衆は初めて聞くこの説明に大いにとまどった。しかし、アガシーは自説を曲げることなく、1840年には『氷河時代』いう著作にまとめて出版し、やがて人々にも受け入れられるようになった。

アガシーのいうとおり、カナダのロッキー山脈の麓や、北欧フィンランドなど、迷子石が多く見られる地域は、氷河と縁が深い地域である。セントラルパークのあるニューヨークも、かつては（といっても1万年も前の話だが）、氷河に覆われていた。マンハッタンの開発にあたっては、ところどころに突出した岩塊を爆破しながら、ならしていったという。その名残が、セントラルパークに残っているというわけなのだ。

バミューダトライアングルで飛行機、船が消えた本当の理由は?

「魔の三角海域」といわれるバミューダトライアングルは、フロリダ半島の先端と、プエルトリコ、バミューダ諸島を結んだ海域のこと。このバミューダトライアングルで、昔から船や飛行機の事故が多いのは事実である。

その原因は100%解明されたわけではないが、いくつかの説得力ある仮説は浮かび上がってきている。

まず、船の事故については、海藻説。このあたりは、メキシコ湾流をはじめとする三つの海流に囲まれ、ほとんど流れのない海域になっている。つまり、海藻が繁殖しやすいところなのだ。とくに、ホンダワラの一種であるサルガッソーという海藻が異常発生し、それで船が動けなくなってしまう、という説である。

次に、メタンハイドレート原因説。これは、メタンガスが濃縮されて個体化したもので、このあたりの海底に堆積していることがわかっている。このハイドレートが、ちょっとした温度の変化などで気化するとどうなるか。巨大な泡が突然わき起こり、航行していた船を襲う。船は浮力を失い、沈没してしまう。さらに、メタンガスをたっぷり含んだ大気の中に飛行機が飛び込むと、エンジンプラグに引火して空中爆発を起こしたり、エンジンが停止することが考えられる。

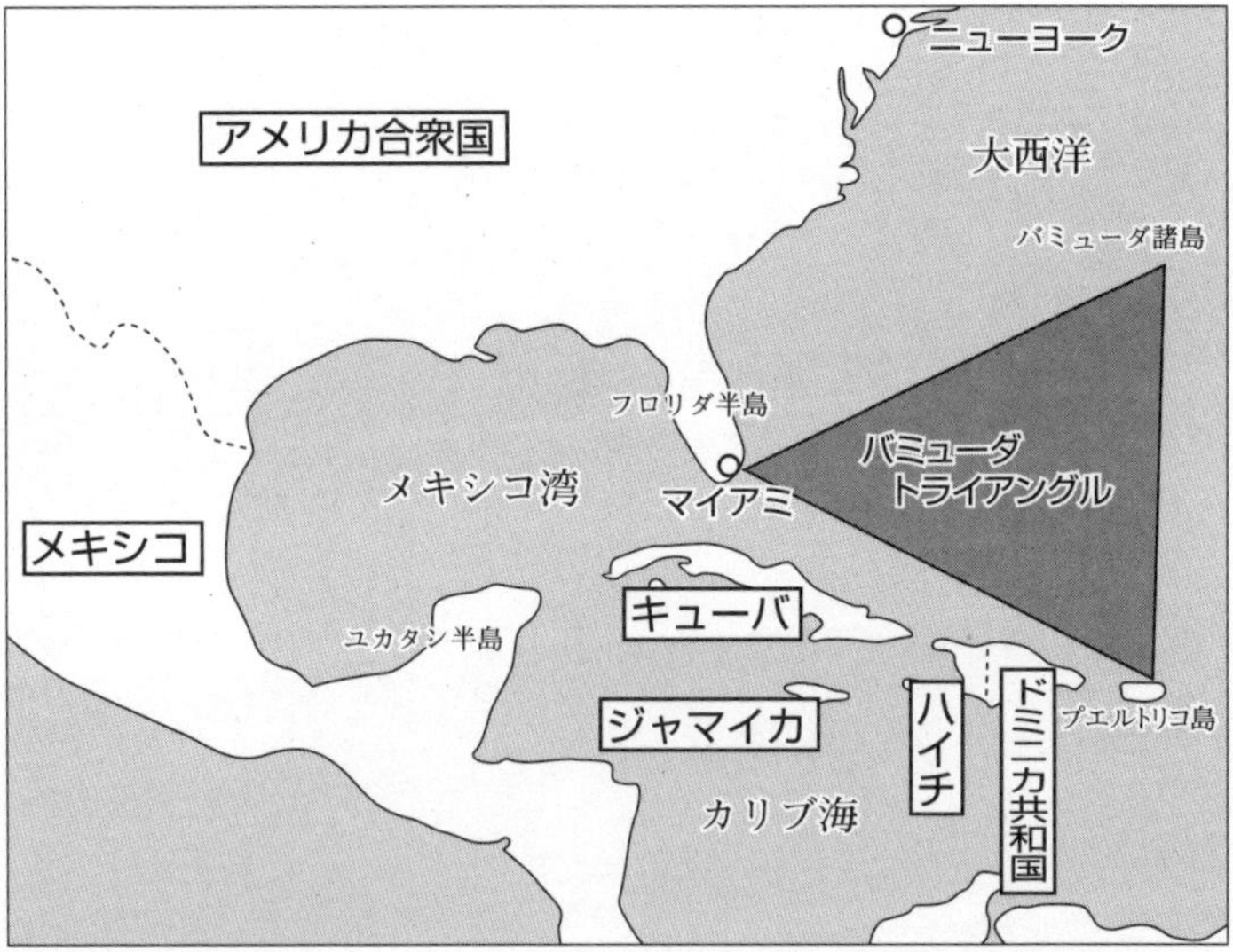

さらに、ダウンバースト説。ダウンバーストは、積乱雲の下に発生する突発的な下降気流のことで、とくに飛行機にとって危険な気象現象だ。

最近では、バミューダトライアングルの謎も、こうした理論で科学的に説明できるというのが、定説になりつつある。

ただし、バミューダ海域の事故では、発見された船から乗組員だけが忽然と消えていたなど、科学で解明できないこともあると主張する人も、依然存在する。

「シカゴ」とやけに関係が深い野菜とは？

アメリカ第3の都市「シカゴ」は、最大の都市ニューヨーク、2番めのロサンゼルスに比べると、日本ではややなじみが薄いかもしれない。

それでも、映画・ドラマ通は、マフィアのアル・カポネを連想するだろうし、経済通なら商品取引所、スポーツ好きならバスケットのマイケル・ジョーダンが所属したシカゴ・ブルズや、メジャー・リーグのホワイトソックスなどで、なじみがあることだろう。

アメリカ中央部のミシガン湖のほとりにあるこの都市は、もともとネイティブ・アメリカンの言葉で、「シカゴウ」と呼ばれていた。「タマネギのあるところ」という意味で、入植者が訪れるまでは、あたり一面が草地で、野生のタマネギが繁茂していたからといわれている。

1773年、フランス・アフリカン系の毛皮商が、初めてこの地に入植。やがて、人が住み始めると、「シカゴウ」の地名から、近くを流れる川が「シカゴ川」と名づけられた。

さらに、1803年、この地に合衆国のディアポン要塞が建設され、開拓基地となると、しだいに住民の数が増えていった。1833年、シカゴ川の川岸の街という意味で、地名も「シカゴ」とされた。その後も人口は増え続け、すぐに町から市へ昇格、1870年には人口が30万人に達している。

現在のシカゴの人口は290万人。姉妹都市の大阪市と、ほぼ同じぐらいの規模である。シカゴ大都市圏まで含めると830万人にのぼり、こちらは大阪府と同規模となる。

また、シカゴの別名は、「ウインディ・シティ（風の強い都市）」。とくに、冬、ミシガン湖から、冷たくて強い風が吹きつけ、底冷えすることでも知られている。

シカゴを舞台にした人気の医療ドラマ『ER』にも、頻繁に雪景色のシーンが登場している。

世界最長の洞窟はどこにある？

「世界でいちばん高い山はチョモランマ（エベレスト）」。「世界でいちばん長い川はナイル川」。「世界でいちばん広い湖はカスピ海」。この三つは、外務省の子ども向けホームページ「キッズ外務省」にも載っていることなので、大人は知っていて当たり前。

だが、「世界でいちばん長い洞窟」はと聞かれて、スラスラッと答えられる人はめったにいないはずである。

世界でいちばん長い洞窟は、その名もズバリ「マンモスケーブ」。「ケーブ（cave）」は「洞窟」「洞穴」のことで、それが「マンモス」というわけだから、名前も覚えやすい。まさしく、これは雑学の〝穴場〟である。

マンモスケーブは、アメリカ合衆国ケンタッキー州の「マンモスケーブ国立公園」内にある。

その総延長は、なんと５００キロメートル以上。「以上」がつくのは、洞窟内が迷路のようになっていて、どこまで延びているのか、まだはっきりしないから。未調査の部分も含めると、５６０キロメートルぐらいになるのではないかといわれている。

日本の洞窟では、最長といわれる岩手県の安家洞でも24キロ程度。これでも、日本の洞窟では群を抜いているのだが、日本一と世界一では文字どおり桁が違う。

南米チリがワインの名産国になったきっかけは?

近年、目にする機会が増えた「チリワイン」。価格の割に高品質でおいしいというイメージが定着し、輸入量も急増。1993年から2002年の10年間に、約70倍に増えている。しかし、なぜヨーロッパから遠く離れたチリが、ワインの名産国になったのか?

これには、フィロキセラというブドウの木に巣食う害虫が関係している。

1850年代のこと、ヨーロッパではフィロキセラが大量発生して、ワイン用のブドウ畑は壊滅的な被害を受けた。ところが、ヨーロッパから遠く離れ、しかもアンデス山脈と太平洋に挟まれたチリまでは、このフィロキセラの被害がおよばなかった。それ以降、フィロキセラの影響を受けていないブドウの木は、チリだけになってしまったのだ。そこで、ヨーロッパのすぐれた技術を持った醸造家たちが渡ってきてワイン造りに取り組むようになった。

幸い、チリは夏季に雨が少ない気候で、ヨーロッパの地中海地域とよく似ている。さらに冷たい〝アンデスおろし〟が吹きつけて、昼と夜の温度差が大きいこともあって、ブドウ栽培には絶好の環境だった。

しかも、フランスのように気候が不安定ではなく、むしろ安定している。だから毎年一定の品質を保つワイン造りが可能になる。かくして、チリはワインの名産国の一つに数えられるようになったというわけである。

ちなみに、チリの自慢は「3W」、weather＝快適な気候、wine＝良質のワイン、woman＝美しい女性、だそうだ。

ブラジルの国名とつながりが深い色って何色？

ブラジル・カラーといえば、「カナリア色」をイメージする人が多いだろう。サッカーのワールドカップで五度の優勝を誇るブラジル代表のユニフォームでおなじみである。だが、「ブラジル」という国名のルーツをたどると、関係が深いのは、カナリア色ではなく「赤色」なのである。

15世紀末、ポルトガル人が、この地方に上陸したところ、炎のように赤い色をした木が、至るところに生えていた。そこで、ポルトガル語の「赤熱した」という意味である「ブラサ」から、赤い木を「ブラジルスオウ」と名づけた。

ここから「ブラジル」が地名となり、植民地名ともなった。そして、1889年の革命で「ブラジル共和国」となった。

国名が植物名に由来するケースは珍しく、ブラジルのほかには、「ココヤシの実」を意味するマレー語が基になっている「ブルネイ」、糸杉に由来する地中海に浮かぶ島国「キプロス」ぐらい。

ブルネイとキプロスでは、自生する植物名が地名へ転用されているが、ブラジルの場合、新たに命名された植物名が、さらに地名化したという点で、世界に例を見ないルーツを持つ名と言える。

ちなみに、1960年代に建設されたブラジルの首都「ブラジリア」は、もちろん国名に由来するが、それまでの首都で、カーニバルでも有名な第2の都市リオ・デ・ジャネイロの名は、ある誤解から名づけられた。

1502年1月1日、ポルトガル人の航海者がこの入江を発見。かなり長い入江だったため川だと勘違いし、発見日にちなみ「リオ・デ・ジャネイロ（1月の川）」と呼んだことに由来する。

ギアナ高地はなぜ「山」ではなく「高地」なのか？

日本人のイメージする山の形といえば、三角形が基本だが、地球上にはこれとはまったく違う形の山もある。たとえば、南米のベネズエラ・ボリバル、ガイアナ、ブラジルの三国にまたがるギアナ高地である。

ギアナ高地の頂上は、テーブルのように平ら。日本の山には緩やかな傾斜があり、下へ行くほどすそ野が広がるが、ギアナの山の側面は断崖絶壁で、すそ野と呼べるようなものはない。

ギアナ高地には、このような形の「テーブルマウンテン」が点在している。

ギアナ高地と日本の山が違う形をしているのは、〝生まれ育ち〟がまったく違うからだ。日本の山は地殻変動によって大地が盛り上がり、その結果として生まれたものだが、ギアナ高地の山々は、もともとは大地の中に埋まっていたもの。

何億年という歳月をかけて地殻のやわらかい部分が浸食されて、固い岩盤がむき出しになり、それがテーブル型となったのである。

要するにギアナ高地の、今、山の麓とされているところは、大昔は地中に埋まっていたところというわけである。

ギアナ高地を世界に知らしめた小説に、『シャーロック・ホームズの冒険』の作者でもあるコナン・ドイルの『失われた世界』がある。ドイルがこの小説の舞台としたのは「ロライマ山」と呼ばれる高さ2810メートルのテーブルマウンテン。山頂部分の面積は45平方キロメートルもあり、東京ドームが4000個も入る。

『失われた世界』は、古生物学者が、絶滅した恐竜を探しにギアナ高地に行く冒険小説だが、ギアナ高地には太古の地球の面影が残っているので、その雰囲気は充分。恐竜こそいないが、水かきのないカエル、アリを食べるサソリ、原始的なゴキブリなど、ほかでは見ることのできない生物が多数棲息している。

イタリア・ベニスに由来する国ってどこ？

日本には、弘前市や金沢市など、「小京都」と呼ばれる地域がたくさんあるが、世界を見渡してみると、イタリアの水の都ベネチアにちなみ、「小ベネチア」と呼ばれる地域が、けっこう多い。

その代表が、南米の「ベネズエラ」だ。

1499年、イタリア人探検家のアメリゴ・ベスプッチと、スペインの軍人アロンソ・デ・オヘダが、この地方のマラカイボ湖の岸に、水上生活を送る先住民の村を発見した。その光景が、イタリア出身のアメリゴには、懐かしいベネチアの都市と重なって見えた。このとき、彼の頭に浮かんだのが、「小ベネチア」という地名だった。

そこで、「ベニス」という都市名に、スペイン語の小さいものを指す接尾語「ウエラ」をくっつけて、「ベネズエラ」と名づけた。

この村名が、やがて、その湾や地方の地名となり、1830年の独立時に、国名にも採用された。現在、正式には「ベネズエラ・ボリバル共和国」と呼ばれている。

南米では珍しく、サッカーよりも野球の盛んな国で、読売ジャイアンツにいたペタジーニや西武ライオンズのカブレラの出身地である。

ちなみに、「ベネズエラ」の名づけ親であるアメリゴは、「アメリカ合衆国」の国名にその名を残している。新大陸を初めて発見したのはコロンブスだったが、コロンブスは、死ぬまで、そこをアジアの一部と思い込んでいた。「ここは、アジアではなく新大陸だ」と、初めて認識したのがアメリゴだったのである。

一方、コロンブスの名は「コロンビア共和国」の国名に残っている。

北アメリカで竜巻がよく発生するのはなぜ?

竜巻は、世界各地で見られる現象だが、本場はなんといってもアメリカ。日本での竜巻の発生件数は年間20件から30件だが、アメリカでは年間750件から800件。この数字を見ただけでも、いかにアメリカが竜巻の超大国か、おわかりだろう。

アメリカでは、竜巻のことを「トルネード」というが、トルネードは春と夏に多く、4月から6月の3カ月で、年間の発生件数の半数以上を占める。また、発生する時間は午後3時から6時の間に集中する。

地域的には、北アメリカ大陸の中南部、テキサス州、オクラホマ州、カンザス州などロッキー山脈の東、アパラチア山脈の西の地域で発生することが多い。とくに多いのはテキサス州で、年間100件以上の竜巻が起きる。

トルネードの渦巻きの状態は、北半球では台風と同じく、ほとんどが時計と反対回りになる。直径は100メートルから500メートルで、規模の大きなものになると、風速は秒速100メートルくらいになる。

もちろん、こんな竜巻に巻き込まれては、人間などひとたまりもない。どんなに踏ん張っても吹き飛ばされてしまう。建物も似たようなもので、屋根が吹き飛ばされるだけでなく、建物ごと根こそぎ飛ばされることもある。実際、アメリカでは毎年200人くらいがトルネードの犠牲になっている。

トルネードによる犠牲がなかなか減らないのは、予報が難しいから。実はまだ、なぜトルネードが発生するのか、その原因すらはっきりしないのである。トルネードが発生するのは、大気が不安定な状態で、湿度が高いときというのはわかっているが、こういう状態になる地域は世界じゅうにある。それだけでは、トルネードの発生原因とはいえないのだ。いずれにせよ、アメリカのトルネードとの戦いはまだまだ続くということである。

ちなみに、トルネードの強さを表すときには数字の前に「F」をつけるが、これは、トルネード研究の第一人者である日本人の藤田哲也博士の頭文字をとったもの。

20年前ほど前、350メートルも低くなった山とは？

普通地形が変わるには、何万年、何千万年という単位の時間が必要である。しかし、時として自然の力は、一撃で地形を一変させることがある。

たとえば、自然の一撃で一瞬にして山の形が変わってしまったのが、セントヘレンズ山だ。セントヘレンズ山は、アメリカ合衆国北西部のワシントン州にある火山。以前はシルエットの美しい円錐形の山で、日本の富士山に似ていることから、「ワシントン富士」とも呼ばれていたのだが、現在のセントヘレンズ山は、巨大なクレーターを持つカルデラ型の山に変貌し、標高も以前より350メートルも低くなっている。

セントヘレンズ山の形を一瞬にして変えたのは、むろん大噴火である。1980年5月に大噴火し、その爆発で山頂部分が吹っ飛んでしまったのだ。この噴火によって、土石流、泥流が発生、約600平方キロメートルに渡って森林は壊滅、山の麓には厚さ20メートルの地層ができたから、山容だけでなく、周辺一帯の地形が一変したといっていい。このときの噴煙は成層圏にも達し、気流に乗って北半球を覆い、世界的な冷夏の原因になったと見られている。

熱帯でもないのに、デスヴァレーがやけに暑いのは？

地球上で暑いところというと、赤道を中心

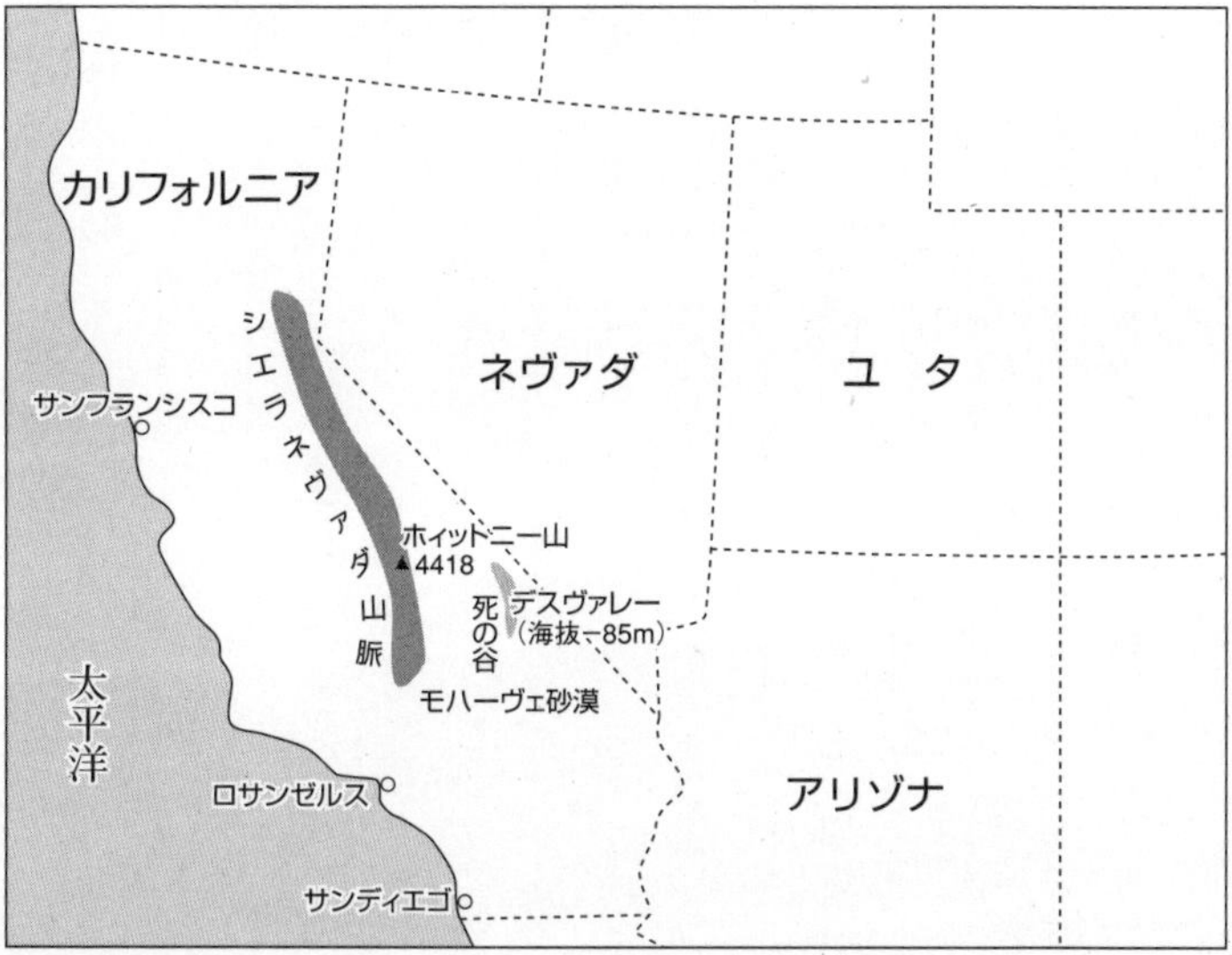

にして、南北両回帰線に挟まれた、熱帯地帯がまず思い浮かぶ。だが、この地球をくるむ〝熱の帯〟の外にも暑いところは存在する。

アメリカの東カリフォルニアからネヴァダにかけて広がる砂漠地帯、「デスヴァレー」である。

デスヴァレーの緯度は36度から37度で、日本の長野県とほぼ同じだが、ここの暑さはまさしく熱帯以上。これまでにデスヴァレーで記録された最高気温は58・３℃。世界最高気温のレコードは１９２１年７月８日に、イラクのバスラで記録された58・８℃だから、デスヴァレーは世界で一、二を争う暑い場所といえる。

デスヴァレーが熱帯でもないのにここまで暑くなるのは、フェーン現象が原因。フェーン現象は、山越えをした乾いた風が吹き込んで、山の麓の温度が高くなる現象をいう。山と麓の高低差が大きければ大きいほど、山から下りてくる風は熱くなり、その風が吹き込む地域は気温が上がる。

デスヴァレーに吹き込む風が越えてくるのは標高4000メートル級の山々が立ち並ぶシエラネヴァダ山脈。この山から吹いてくる風はただでさえ熱く、さらにデスヴァレーの標高が低いので、フェーン現象に拍車がかかる。これが、デスヴァレーの気温が異常に高くなる原因である。シエラネヴァダとデスヴァレーの高低差が、デスヴァレーを世界でもっとも暑いところとしているのである。

アフリカや中東の砂漠地帯では、夜になると急激に気温が下がるが、デスヴァレーでは夜でも38℃を下回るのは稀。気温が下がらないのは、デスヴァレーの暑さの原因が、日光ではなく風だから。日本では最低気温が25℃以下にならない夜を「熱帯夜」というが、デスヴァレーの夜が熱帯夜でないことはない。

ちなみに、「デスヴァレー」を直訳すると「死の谷」だが、この名前は、ゴールドラッシュの時代、カリフォルニアへの近道としてここを通った探検隊が、暑さと水不足で遭難した事故に由来する。

モントリオールでは、なぜ地下街が大発達した?

数カ所の地下鉄の駅をはじめ、二つの鉄道駅、バスターミナル、七つのホテル、1600の商業施設、200のレストラン、34の映画館・劇場、45の銀行、二つの大学、1700社のオフィス、1600戸の集合住宅、これだけの施設が、延べ29キロにわたって、網の目のように広がっている。

これが、全部地下の話だというから、ほとんどSFの世界だ。実際、モントリオールの地下街では、一歩も地上に出ることなく、たいていの用事をすませることができる。

しかも、この地下街、天井が高く、天窓など採光の工夫もしてあり、快適そのもの。窮屈さなどみじんも感じない。まるでホテルのロビーのような、広々とした〝吹き抜け〟スペースまである。いったい何が、モントリオールの地下街をこれほど発達させたのだろうか？

答えはズバリ、冬の厳しさがその要因というほかはない。

モントリオールの冬は、11月に始まり翌3月まで続く。もっとも寒さが厳しい1月の平均気温はマイナス10℃。といってもなかなか想像しにくいだろうが、ずっとマイナス5℃ぐらいのスキー場にいるような感じ。気温が下がりマイナス10℃になると、歩いていて顔が痛くなるくらいの寒さだ。それに雪もたくさん降る。スキー場にリゾートに来ているならまだしも、毎日の生活の場がこれでは、かなりの不便を感じざるをえないだろう。

そういうわけで、モントリオールを筆頭に、カナダの主要都市では地下街が大発達し、一種の観光名所にもなっている。「モントリオール地下街ツアー」なるオプショナルツアーが、けっこう人気を集めているのだ。

なお、もしこのツアーに参加するつもりなら、厚いオーバーコートは不要。地下街は快適に暖房が効いていて、歩き回れば、冬でも少し汗ばむくらいの温度に保たれている。

シアトルに刻まれた「歴史の名残」っていったい何？

日本で「シアトル」が注目されるようになったのは、2001年に、イチロー選手が「シアトル・マリナーズ」に入団し、大活躍したことが大きいだろう。

また、シアトルにはスターバックスコーヒーやマイクロソフト、さらには飛行機のボーイングなど、日本でもよく知られた企業の本社がある。また、本来港町とあって、シーフードがおいしい。

さて、シアトルのあるワシントン州には、18世紀後半までは、約50種族の先住民が暮らしていて、地名や地域、川の名前などに、彼らの言葉や人名を残している。「シアトル」という都市名も、白人が入植した1800年代前半に、この地に住んでいた部族長の名前にちなんでいる。

その後、1851年11月13日、ポートランドから北上してきたアーサー・デニーとその仲間が、現在のアルカイ・ポイントに上陸した。そして、翌年、デニーらは、海風の影響を受けにくいエリオット湾に面した地域に移り住み、本格的な開拓を始めた。

この地区は、現在、シアトル発祥の地「パイオニア・スクエア」と呼ばれている。

ガラパゴス諸島は正式名ではないというのは本当？

ダーウィンの進化論の舞台として知られるガラパゴス諸島は、エクアドル領で赤道直下の太平洋上に位置している。イサベラ島、サンタ・クルス島など多数の島々からなるが、正式名を「コロン諸島」というのをご存じだろうか。これは、新大陸を発見した探検家コロンブスの名前にちなんで、命名されたもの。「ガラパゴス」というのはあくまで俗称で、その語源はスペイン語の「亀」。コロンブスの新大陸発見から43年後の1535年、この諸島を発見したスペイン人伝道師のトマス・デ・ベルランガによって名づけられた。

そう名づけたのは、当時、彼らがどの島に上陸しても、無数の亀が棲息していたため。あまりに亀が多く、「ガラパゴス」と呼んだのがこの俗称の始まりとなっている。

実は、このガラパゴス諸島のように、正式名がありながら、俗称のほうで知られている地名が世界じゅうには少なくない。

たとえば、アフリカ最大の湖である「ヴィクトリア湖」は、現地では「湖」を意味する「ニャンザ」が正式名となっている。

さらに、モアイ像で知られるイースター島も、復活祭《イースター》の日に発見されたのでそう呼ばれているが、これは英語での名前。本国チリではスペイン語で「パスクア島」と呼ばれ、こちらが正式名だ。もっとも現地の人はスペイン語名も英語名も無視して、「大きな島」という意味の「ラパヌイ」と呼んでいる。

メキシコシティで地盤沈下が深刻なのはどうして？

メキシコの首都、メキシコシティは、2000万人を超える人口をかかえる大都市だ。これだけの人間が集まると、交通渋滞や大気汚染、さらには犯罪の増加など、さまざまな都市問題が増加する。メキシコシティの場合、もっとも深刻な問題は、地盤沈下である。

もちろん人口が多すぎて地面が沈んだ、というわけではない、実はこのメキシコシティ、湖を埋め立ててできた都市なのだ。

メキシコシティの前身は、アステカ帝国の首都テノチティトランという都市。湖に浮かぶ小島にある湖上都市で、そこに1521年、スペイン人のエルナン・コルテスがやって来て、この都市を滅ぼし、新たな都市を建設した。都市が発展するとともに、街は湖を埋め立てることで大きくなってきた。

ところが、もとは湖だっただけに地盤は軟弱。しかも、増え続ける住民の生活用水を地下水でまかなってきたため、20世紀に入って急激に地盤沈下が問題になってきたのだ。

地盤沈下による〝落差〟は、ひどいところになると、10メートルにもおよぶという。むろん、建物は大きく傾き、歴史的遺産として有名なグアダルーペ寺院なども、ピサの斜塔並みに傾いていて、写真を撮るにも、どうカメラを構えていいかわからないくらいだ。今では、〝歴史的遺産〟としてよりも、〝地盤沈下〟で有名になってしまったくらいだ。

カナダの国名が決まるきっかけになったある「誤解」とは？

世界を旅するカナダ人には、荷物にカナダ国旗を縫いつけている人が多い。これは、アメリカ人と間違われないためと、カナダ人が自国に誇りを持っているからだろう。

実際、「カナダ」という国名になったのは、フランスから移住してきた人たちが、「カナダ人」であることを強く自覚したことがきっかけとなっている。

１５００年代の前半、フランス政府が開拓を始めたことをきっかけに、フランスからの入植者が増え、フランス政府は、とくに東部地域を「ニューフランス」と呼ぶようになった。その後、ニューフランスの中でも、セントローレンス川流域に移住した人たちが、その地域を「カナタ」という俗称で呼び始めた。

一説に、セントローレンス川をさかのぼったフランス人が、先住民に「ここはどこか？」と尋ねたら、「村だ」という意味で「カナタ」と答えたのが誤解され、「カナタ」と呼ばれるようになったという。また、別の説では、黄金を求めてやって来たスペインの探検家が、一面の雪景色を見て「アカ・ナタ（何もない）」といったのがルーツともいわれている。

この「カナタ」がなまって、「カナダ」となるのだが、18世紀になると、現地に住むフランス人と、本国から派遣されてくる役人や軍人との間に、ギャップが目立ち始めた。

入植者の子孫たちは、古いフランスの習慣や土地制度にこだわって生活しているのに対し、本国の習慣や制度は、どんどん新しくなっていく。そうした本国の変化についていけなくなった人たちは、しだいに自分たちのことを「フランス人」とは呼ばなくなり、「カナダ人」と称し、その土地も「カナダ」と呼ぶようになっていった。

その後、北アメリカ大陸のフランス植民地が、イギリスに譲渡された１７６３年、植民地全体を「カナダ」と称するようになったのである。

④ヨーロッパ

ヨーロッパの多くの地名のもとになったのは何語？

全長776キロメートル、トロワ、フォンテンブロー、パリ、ルーアンと、フランス北部を流れるセーヌ川は、フランスを代表する河川だ。

首都パリに入ると、市部の中央を東西に貫くように流れていく。というよりも、そもそもパリという都市のほうが、セーヌ川の中州シテ島を中心に拡大・発展してきたわけで、花の都パリにとってセーヌ川はまさしく母なる川、生みの親のようなものだ。

さて、その「セーヌ」という名は、いったいどこからきているのだろうか？

これは、ケルト神話の女神「seqvana（セクアナ）」が語源と見られている。セクアナは癒しの女神で、鵞鳥《がちょう》の形をした船に乗っている。今でも、この女神にちなんだ「セクアナの泉」がブルゴーニュ地方にある。

この「セクアナ」という名前は、そもそも「ゆったりとした」を表す「sog」と、「川」を意味する「han」の合成語。つまり「ゆったりと流れる川」＝「sog-han」という意味なのだ。

ところで、今でこそアイルランドの少数民族と思われがちなケルト人だが、古代では西ヨーロッパを席巻するほどの一大勢力だった。そういうわけで、ヨーロッパの地名や河川名には、ケルト語を語源とするものが数多く残っている。

たとえば、ドイツを代表する河川「Rhein（ライン）」も、「流れ」を意味するケルト語の「rin」が語源。オーストリアの「donau（ドナウ）」は、ケルト語で「川」を意味する言葉だった。

また「Paris（パリ）」の語源もケルトに関係がある。二つの説があり、一つは、昔ケルトの支族である「Parisii（パリシィ）」族がここに住んでいた、という説。もう一つは、昔、ブルターニュにケルトの王国があり、その首都「Is」はとても美しい都だったので、自分たちも「Is」のような（＝「Par」）都をつくりたい、という意味で「Paris」と名づけたという説。いずれにせよケルトが関係しているわけだ。

ドイツの首都ベルリンは、なぜ東のはずれにある？

東西ドイツの統一を経て、ドイツ連邦共和

国の首都は、ボンからベルリンに移されたが、ドイツの地図を見ると、ベルリンは国土の東のはずれにある。これを見て、「どうして国のはずれに首都を置いたのか?」と疑問に思う人もいるかもしれない。

この疑問は、19世紀のヨーロッパの地図を見ると、すぐに解ける。ドイツがプロイセンを中心とした国家として統一されるのは19世紀の半ばのことだが、当時の地図を見ると、ベルリンは国土のほぼ真ん中に位置していたのである。

といっても、ベルリンの位置が変わったわけではない。変わったのは、国土のほう。19世紀のドイツの領土は、現在よりも東に広く、今のポーランドの西の部分もドイツ領だったのだ。

しかし、ドイツは二度の世界大戦に敗れて、多くの領土、とくに東側の領土を失うことになり、ベルリンは国のはずれになってしまったのである。

そんな経緯から、ヨーロッパには、現在はドイツの領土ではないが、「ドイツ文化圏」と呼ばれる地域がある。オーストリアやリヒテンシュタインで話されているのはドイツ語だし、スイスやルクセンブルクでもドイツ語は公用語の一つになっている。

東欧のチェコ、バルト三国の一つであるリトアニア、バルカン半島のクロアチアなどもドイツと縁が深い。

ところで、ドイツが東西に分断されていた冷戦時代、東ドイツが当時の「西ベルリン」を地図にどう描いていたかというと、これは完全無視。西ベルリンの部分は、まるで更地のように真っ白にされていた。当時の東ドイ

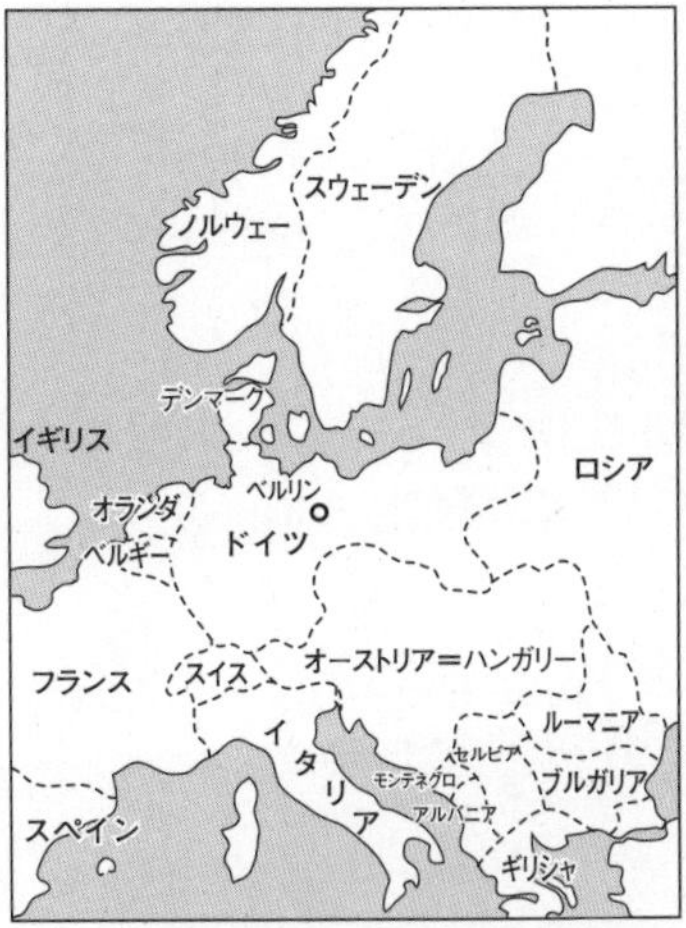

第一次世界大戦前

現　在

ツでは、西ベルリンの存在そのものが否定されていたのだ。

どうしてプラハは“魔法の都”と呼ばれるのか？

「ヨーロッパの魔法の都」「北のローマ」「ヨーロッパの音楽学院」「黄金の街」「百塔の街」「建築博物館の街」――これらはすべて一つの都市に捧げられた称号だ。

その都市の名は、プラハ。プラハでは、ロマネスク、ゴシック、ルネッサンス、バロックなど、さまざまな時代の歴史的建造物が建ち並び、実に３５００もの建物が文化財に指定されている。こうなるともう、街全体が文化財といってもいいくらいで、事実、プラハの街はそっくりそのまま世界遺産に登録されている。

なぜ、プラハには、こんなに多くの歴史的建造物が残ったのだろうか？

プラハは、6世紀後半、モルダウ河畔に住みついたスラブ民族の集落として誕生した。以来、順調に発展を続け、14世紀には、神聖ローマ帝国の首都として栄える。その後、ハプスブルグ家統治の時代には、各国から多くの芸術家や錬金術師、占星術師などが呼び寄せられた。要するに、千年以上の歴史を持つプラハは、中世以降、ヨーロッパ文化の中心地だったのだ。

そしてもう一つ、プラハは、二度の世界大戦を大きな被害を受けることなく乗り切っている。そのおかげで、歴史が創り出した貴重な建造物の数々が、そのまま残っているのだ。

ところで、中世の街並みが美しいプラハだが、「建築博物館の街」はそこで止まっているわけではない。近代に建てられた建造物もすばらしく、バロックやゴシック様式の建物と並んで、20世紀初頭のアール・ヌーボー建築や、チェコで生まれたチェコ・キュビズムなど、建築マニアなら見逃せない建造物がごろごろある。

しかも、さまざまな時代の建築が、まったく無理なく調和している。それこそが、「ヨーロッパの魔法の都」といわれるゆえんではないだろうか。

バチカンの国旗に描かれた「鍵」はなんの鍵？

かつて日本では「バチカン市国」と呼ばれていたが、2003年の法改正により「バチカン」が正式名になった。ご存じのように、ローマ市内にある世界一小さな国である。

この国には、元首がローマ法王であること、近衛兵として男性のスイス兵が駐留していること、公用語がラテン語であることなど、いくつかの特徴があるが、国旗に「カギ」が描かれているのも、大きな特徴の一つだろう。世界の国旗の中で、カギが描かれているものは、バチカン国旗だけである。

1802年から使われているこの旗は、黄色と白の二色旗の白地部分に、法王の冠と、それを支える金と銀のカギが描かれている。

このカギは、「ペテロのカギ」と呼ばれ、イエスが使徒ペテロにいった言葉「あなたに天の国のカギを授ける」に由来する。その意味するところは、霊界と俗界の支配権だ。つまり、このカギは、使徒ペテロがイエスの代理人であることの象徴なのである。

バチカンとペテロの関係は、紀元64年ごろ、ネロ皇帝の迫害にあって命を落としたペテロが、バチカンの丘に葬られたことに始まる。それから約300年後、ペテロの墓の上に、聖ピエトロ聖堂が建てられた。ペテロはバチカンの象徴的な存在なのである。

なぜ、ドイツでソーセージ作りが盛んになった？

ドイツのレーゲンスブルクという町の「ブルストキュッヘ」というソーセージ店は、なんと創業800年。もちろん、ドイツ最古のソーセージ店だ。

では、ソーセージはこの店が発祥かというと、そんなことはない。諸説はあるのだが、そもそもは2000年以上も前の中国で始まった、という説が有力だ。

内陸部の遊牧民たちは、羊の腸に豚肉や羊肉を詰めて薫製《くんせい》にし、たんぱく源としていた。つまり、ソーセージは、過酷な遊牧生活を支える保存食だったのだ。これが、シルクロードを通って、神聖ローマ帝国の古都レーゲンスブルクに伝わったのが、1170年のこと。以来、ソーセージはドイツに定着し、今では「ソーセージといえばドイツ」と、誰もが答えるほど有名になった。

では、なぜ、ドイツで、ソーセージづくりが盛んになったのだろうか?

もっとも大きな理由は、ドイツの土地が農業にあまり適していなかったこと。ヨーロッパの中でも、比較的緯度の高いドイツの気候は、北海道に似ているとよくいわれる。平均気温は低く、年間降水量も少ない。しかも、氷河によって削られた土壌はやせ細っている。そこで、ドイツの人たちは、家畜を飼うようになった。食用にしてたんぱく質を補い、その糞尿を肥やしとして利用するためだ。中でも、豚は、雑草や木の実で育つため、ドイツの風土でも比較的育てやすかった。

この豚の肉を、厳しい冬の間の保存食とするのに、中国から伝わったソーセージという加工法は最適だったというわけだ。

今でも、ドイツの農家では、クリスマス前になると、豚の解体が行われる。肉はソーセージやベーコンに、脂肪はラードに、皮はゼラチンを含んでいるのでソーセージのつなぎに、内臓もそのままゆでたり、ソーセージに入れたりして余すところはない。血さえもソーセージにして冬の食料にされている。

パリ以外で「花の都」と呼ばれている街ってどこ?

イタリアの「フィレンツェ」は、ルネサンス発祥の地として知られている。金融業で財をなしたメディチ家がこの町に住み、レオナルド・ダ・ヴィンチやミケランジェロを援助して、ルネサンス文化の花を咲かせた。

現在も、街のちょっとしたところにある芸術作品や、縦横に走る石畳が、中世文化の香りを漂わせている。

このイタリア中北部の都市には、紀元前200年ごろ、エトルリア人が住んでいた。そして、紀元前80年ごろ、ローマ帝国がこの都市を占領、退役軍人を入植させるための植民地とした。このとき、同時に「コロニア・フロレンチア」という地名をつけた。「フロレンチア」は、ラテン語で「花咲く」という意味なので、「コロニア・フロレンチア」は、「花咲く植民地」という意味になる。入植する退役軍人が、ホッとできる地名ということで、こう名づけられたようだ。

やがて、「フロレンチア」が、イタリア語の「フィレンツェ」となり、今でも、この街は「花の都」と呼ばれている。

もっとも、「フロレンチア」という地名は、いきなりローマ人がつけたのではないかという説もある。紀元前200年ごろに住んでいたエトルリア人の地名「フェゾーレ」が「フ

世界地理全般
アジア・中東
南・北アメリカ
ヨーロッパ
アフリカ・オセアニア

ルエンシア」(「流れゆく」という意味)に改められ、それを基にローマ人が「フロレンチア」としたのではないかという。

その場合、「流れゆく」は、フィレンツェの街を流れるアルノ川に由来すると説明されるが、この説には、フィレンツェの人々の「ローマなんかが名づけ親でたまるか」という気持ちが込められているようでもある。

それほどに、イタリアの各都市は、サッカーのリーグ戦が、現在の〝都市間戦争〟にたとえられるよう、互いに競争意識が強い。

ハンガリーの首都・ブダペストはなぜ温泉が多いのか?

ハンガリーは、ヨーロッパでは、イタリア、ドイツと並ぶ温泉大国。ハンガリー政府観光局によれば、全土には、1289の源泉があり、400を超える温泉施設があるという。

しかも、それがもっとも集中しているのが、首都のブダペストだというところが、なんともユニーク。ブダペスト市内には、なんと80カ所近い浴場がある。

なぜ、ハンガリーは、こんなに温泉だらけなのだろうか?

それには、地理と歴史の両方が関係している。

そもそも、ハンガリーが位置するカルパチア盆地は温泉が多い地域で、そこへやって来たのがローマ人。今から2000年ほど前、この地域一帯はローマ人に征服されたのだ。

ローマ人といえば、「ローマ風呂」という名を残すくらいの風呂好き。ブダペストを中心に、数多くの浴場施設をつくった。

次に来たのが、オスマントルコ帝国のトルコ人たち。16世紀半ばにこの地を征服した彼らもまた、「トルコ風呂」に名を残す風呂好き。さらに多くの浴場をつくっていった。

というわけで、ハンガリーには歴史のある温泉がたくさん残っている。ただ、広くて水着着用のところが多いから、温泉というより、温水プールのような感覚だ。

ローマ時代の歴史ある施設に、広々とした温泉。温泉好きの日本人なら、ハマるに違いない。

ちなみに、ハンガリーに行ったら、ぜひヘーヴィーズ湖という湖を訪れるといい。ここはなんと、湖全体が温泉なのだ。夏場の水温は約33度、真冬でも26度を下ることはない。湖で泳ぎながら温泉に浸るという体験は、ほかではなかなかできない。

マドリードの地名が生まれた歴史的背景とは？

スペインの首都マドリードといえば、フラメンコと闘牛を思い浮かべる人が多いだろう。また、最近では、〝銀河系軍団〟といわれるサッカーの強豪チーム、レアル・マドリードの本拠地としてもおなじみである。

このマドリードが歴史の舞台に登場するのは、9世紀のこと。それまでは、単なる寒村だったが、イベリア半島を征服していたイスラム教徒が、現在、王宮が建っているあたりに前進基地を築いた。この基地の村は、アラビア語で「基地、砦」を意味する「マへリット」と呼ばれ、これが「マドリード」の由来といわれる。

ただし、もともとアラビア語で「建築用木材、森林」を意味する「メジリッド」がルーツで、それが「マヘリット」→「マドリード」になったという説もある。

いずれにしろ、キリスト教徒軍の国土回復《レコンキ》運動《スタ》たけなわの1083年、カスティーリャ王アルフォンソ6世が、その砦を占領。以来、カスティーリャの中心として発展した。

さらに、1561年、ハプスブルグ家のフェリペ2世が、宮廷をトレドからマドリードへ移築してスペインの首都とし、今日に至っている。

ちなみに、スペイン第2の都市で、1992年にオリンピックも開催されたバルセロナが歴史の舞台に登場するのは、マドリードよりずっと早い紀元前6世紀。この街は、ギリシャ神話の英雄ヘラクレスが造ったといわれ、その地名は、紀元前236年、この地をイベリア半島経営の拠点として選んだカルタゴの将軍ハミルカル・バスカス（ハンニバルの父）の名に由来している。

スイスが永世中立国になった地理的背景は？

スイスが永世中立を宣言したのは1815年のことだが、話はそれより前、16世紀までさかのぼる。当時のスイスは人口過剰で耕地不足、つまり貧しい国だった。そのスイスが外貨を得るためにとった手段が、〝傭兵〟の派遣だった。

当時は、ヨーロッパのあちこちで戦争が発生していたが、こうした戦争で実際に戦っていたのは自国の兵隊だけではなく、外国の傭

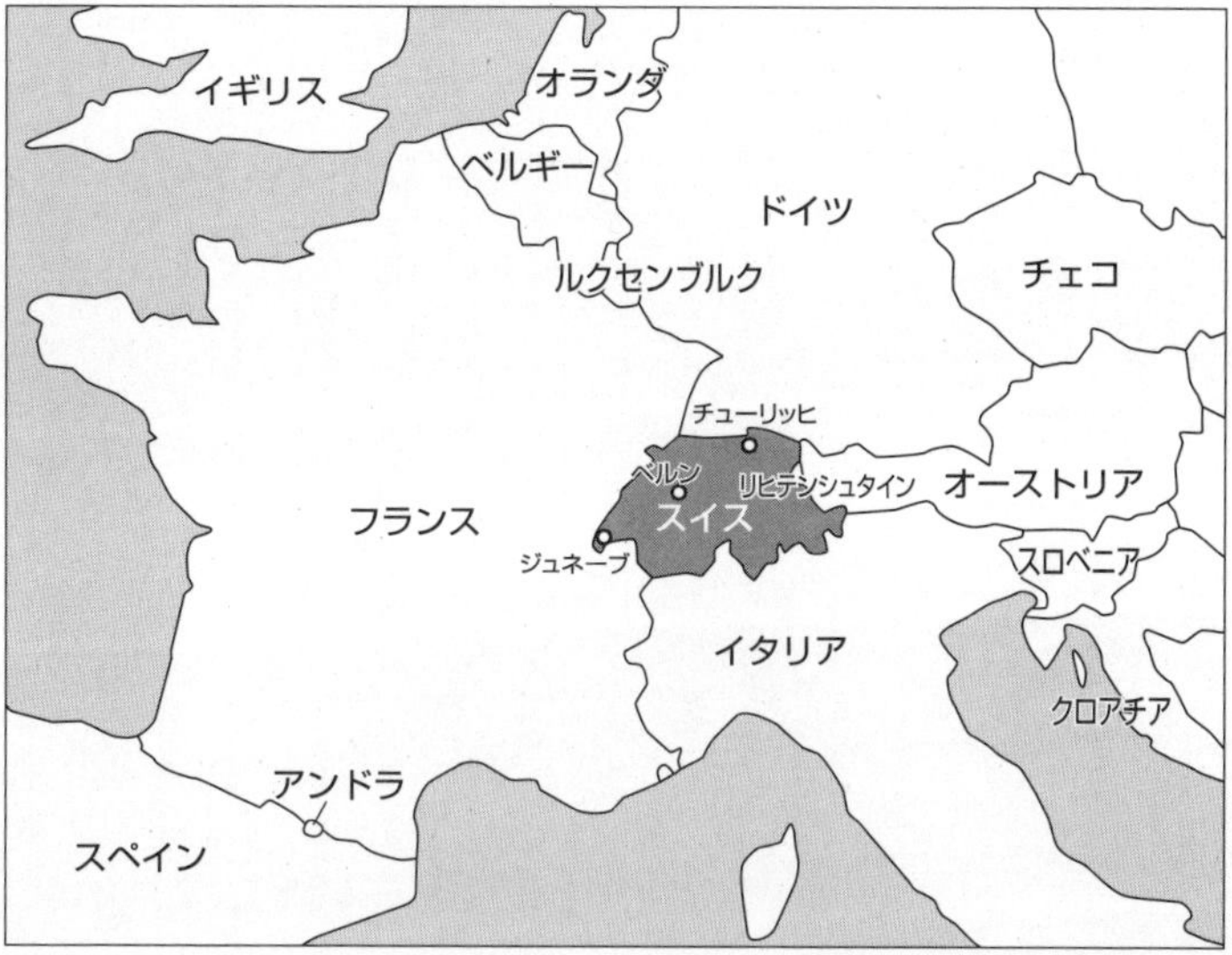

兵も参加していたのだ。スイス傭兵は、ドイツ傭兵と並んで最強と恐れられていた。

そうなると、外国に雇われたスイス人どうしが戦って殺し合う、という事態も出てくる。もともと人種も言語も多様で、統一の難しいスイスのこと、外国での戦争が内戦に発展しないともかぎらない。そこで、16世紀に初めて、中立政策をとることを明確にする。

だが、中立という立場は、自分で宣言するだけでなく、周囲にも認められなければ成立しない。スイスが中立を守れたのは、周辺国家の事情もあった。

スイスは、フランス、ドイツ、イタリア、オーストリアと国境を接している。列強のつばぜり合いの真ん中に位置する国だ。しかも、スイスの兵は強いと恐れられている。いってみれば、何かといがみ合っている町内の真ん中に、ケンカに強いと定評のある人の家があるようなもので、誰もスイスを敵に回したくない。誰かの味方になってしまうよりも、中立でいてくれたほうが、都合がいいのである。

そういう事情から、永世中立国であるスイスは、伝統的に強い軍隊を持つ国でもある。今でも人口の1割に当たる軍隊を持ち、核シェルターの普及率は95%。これは、永世中立国であるがゆえに、どこの国とも同盟関係を結んでいないので、もしも他国に攻められた場合には、自分たちの力だけで守らなければならないから。そのための備えなのだ。

パリ市街地はなぜ丸い形をしているの？

東京の場合、どこからどこまでが「市街」で、どこから先が「郊外」なのかはっきりした境界線はない。ところが、パリの場合は、ここからここまでが「パリ市街地」、ここを出たら「郊外」という境界線がはっきりしている。かつては城壁によって、はっきり区切られていたからである。

パリの街の〝はじっこ〟がはっきりしていれば、〝真ん中〟もまたはっきりしている。セーヌ川に浮かぶ中州「シテ島」である。地図を広げてみればすぐにわかるが、パリという街は、東西に12キロ、南北に9キロ、わずかにゆがんだ楕円のようなカタチをしている。その中心が、シテ島なのだ。

どうして、こんなわかりやすい形をしているかというと、話は紀元前3世紀までさかのぼる。このシテ島にケルト系のパリシィ人が住み着いたのが、パリの街の起源。パリシィ人たちは、外敵から身を守るために城壁を築いた。

その後、1世紀にはローマ人がやって来て街の基礎をつくり、508年には、フランク王クロヴィスがシテ島に王宮を造り、6～10世紀にはセーヌ河畔の沼地を開拓し、という具合に、シテ島を中心にじょじょに発展していった。

中世になっても〝城壁都市〟パリは発展し続け、それとともに城壁も、さらに同心円状にひとまわり大きく造り直されてきたのだ。だから、パリの街はほぼ円形のまま大きくなった。

現在の境界線は、1841～45年に造られたチエール城壁がもとになっている。もちろん、この城壁そのものは、1919年に取り壊されて残ってはいない。

ただし、古い城壁はまだまだ街のあちこちに埋まっていて、最近では、オランジュリー美術館の改装工事中に、16世紀に造られた城壁の一部が発掘されている。

スイスに複数の国名があるワケは？

スイスでは、ドイツ語、フランス語、イタリア語、ロマンシュ語という四つの言語が認められている。

「スイス」という国名すら、ドイツ語の「シュヴァイツ」。フランス語の「スイス」、イタリア語の「シュヴィッツェーラ」、ロマンシュ語の「シュヴィズラ」という四つの言い方があるほど。「どれが正式な言い方なの？」と問うのは、いかにも日本人的な発想で、スイスでは、どれも平等に扱われている。たとえば、街の標識に国名を書くときも、四つの国名が併記されることになっている。

しかも、空間的に四つを併記する余裕がないときのため、ラテン語の国名も用意されている。これが「コンフェデラチオ・ヘルヴェティカ」で、略してCH、クルマのナンバープレートや切手には、この略記号が使われている。「ヘルヴェティカの連合」という意味で、古代ローマ時代に住んでいたケルト部族のヘルヴェティカ族に由来する。

では、「スイス」の意味は何かといえば、古代高地ドイツ語の「酪農場」が語源と見られている。

もともと、ヘルヴェティカ部族が住んでいたこの地方には、4世紀ごろから、ゲルマン民族をはじめ、たくさんの部族が流入してきた。各部族はそれぞれに共同体をつくり、独自の生活を営んでいたが、13世紀になると、ハプスブルグ家が勢力を伸ばし、しだいに住民の自由を制限し始めた。

そこで、同盟を結び、ハプスブルグ家に対抗することになった。

この同盟が、スイスの国家としての起源だが、当時、彼らには同盟の呼び名すらなかった。そこで、ゲルマン民族がこの地方に対して使っていた「シュヴィッツ（酪農場）」という呼び名を拝借。それが、「スイス」という国名に発展することになった。

「カタルーニャ」地域ってどの地域のこと？

スペインの地図を見ると、右上のほうには

「カタルーニャ」、または「カタルーニャ自治州」と印刷されている。これを見て、「カタルーニャってここなんだ」と思うのは早合点。「カタルーニャ地方」や「カタルーニャ自治州」が「カタルーニャ」であることはたしかだが、実は「カタルーニャ」が意味するところはもっと広汎で、単にこの地方を指すだけの言葉ではないからである。

たとえば、カタルーニャ地方の南にはバレンシア地方があるが、このバレンシア地方で話されている言葉もカタルーニャ語。ここに住む人たちのアイデンティティも、カタルーニャ人である。

さらに、フランスのルシヨン地方で話されているのもカタルーニャ語で、ここの住民も、やはり自分たちのことをカタルーニャ人と思っている。このようにカタルーニャとは、単に地域を指すだけではなく、民族や言語圏、文化圏を示す言葉でもあるのだ。

というと、「カタルーニャ人は、スペインの中の少数民族か？」と思うかもしれないが、これも少しニュアンスが違う。イギリスにもイングランド、ウェールズ、スコットランド、アイルランドといくつかの「国」があるが、スペインの事情もこれと似ている。スペインという国家の中に、マドリードを中心とするカスティーリャ、バルセロナを中心とするカタルーニャ、そして特有の言語・文化を伝えるバスクなど、いくつかの「国」があると考えるほうが実情に近い。

日本では「一民族一国家」が「基本」のように思われているが、世界の現実はそうではなく、ヨーロッパでも中東でもアフリカでも、日本のように国民の大半が同じ民族という国は、むしろ例外的な存在といえる。国の中に〝国〟があるのは、決して珍しいことではないのだ。

ちなみに、カタルーニャ語とスペイン語（カスティーリャ語）はとてもよく似ているが、これはどちらもラテン語から生まれた姉妹語だから。ただし、カタルーニャ語を「スペイン語の方言」というと、カタルーニャ人はいい顔をしないので、カタルーニャに行ったときには注意が必要である。

「ウェールズ」「スコットランド」ってそもそもどんな意味?

イギリスの正式名は「グレートブリテンと北アイルランドの連合王国」という。そう呼ばれるのは、ブリテン国のイングランド、スコットランド、ウェールズ、そして、北アイルランドの4カ国が統合されて、日本人がいう「イギリス」となったからである。

ブリテン島の3カ国のうち、ロンドンを中心とした「イングランド」は、「アングロ人の国」という意味が示すようにアングロ・サクソン人の国。一方、スコットランドとウェールズは、紀元前500年前後から、ブリテン島に住んでいたケルト人の国だった。

スコットランドとウェールズには、ローマ時代からの名前があったが、あとからブリテン島にやって来たアングロ・サクソン人によって、今の地名に変えられたのである。

たとえば、ウェールズは、ケルト系ブリトン人キムブル族が住んでいたので、その部族名にちなんで「カムブリア」という地名だった。ところが、5世紀に、ヨーロッパ大陸から来たアングロ・サクソン人は、その地名を使わず、「ウエリクス（外国人）」と呼んだ。これは、当時、キムブル族が、アングロ・サクソン人との同化を拒み、孤立した生活を選んだためという。この「ウエリクス」が、のちに変化して「ウェールズ」となった。

また、スコットランドにも、先住民のカレドニ族にちなんで、「カレドニア」という地名がついていた。やがて、ローマ帝国が衰えると、西方のアイルランドにいたケルト系のスクイト族がこの地方に移住し、カレドニ族と混血する。混血後も、彼らはスクイト族と名乗っていたが、アングロ・サクソン人は、彼らを「スコット」と呼び、「スコットランド」という地名をつけたのである。

ちなみに、日本語の「イギリス」というのは、ポルトガル語の「イングレス」が日本語化したもの。

幻の民・ケルト人はいまでもいるのか？

アイルランドの歌手、エンヤの登場によって、あまりなじみのなかった「ケルト」という言葉が、日本でも一般的に知られるようになった。といっても、「ケルト」とは、なんとなく〝エンヤのようなもの〟、つまり〝癒し系のもの〟というイメージぐらいしかないという人もいるのではないだろうか。

では、「ケルト」とは、いったいなんなのだろうか？

「ケルト」というのは、そもそもは言語学上の分類の一つでもある。英語やドイツ語などのゲルマン語派、イタリア、フランス、スペイン語などのイタリック語派と並んで、かつてヨーロッパ大陸には、ケルト語派という勢力があった。

紀元前8世紀ごろに築かれたケルト文化圏は、紀元前4世紀ごろまでにさらに広範囲なものとなる。現在のイギリス、ドイツ、フランス、北イタリア、ギリシャ、トルコのあたりまで、つまりヨーロッパのほとんどの地域を席巻していた。それゆえ、ヨーロッパでは「シャベルを落とせば、ケルトの遺跡に当たる」といわれるくらい、各地でケルト文化の遺跡が出土している。

しかし、世界史の主役は、その後ローマ人に取って代わられる。ケルト人たちは、ローマ人に駆逐され、やがて辺境に追いやられる。ケルト人は、文字による記録を残さなかったため、ローマやキリスト教の文化の陰に隠れ、「幻の民」といわれるようになる。

現在では、アイルランド、スコットランドなどの一部の地域に、ケルト文化を継承する人々が暮らしているのみだ。たとえば、エンヤの出身地であるアイルランド北西部ドニゴール州は、今でもケルト語の一種であるゲール語を話す地域。エンヤの楽曲のいくつかは、ゲール語で書かれている。

このようにケルト文化を継承する「ケルトの末裔」たちは、少なくなっているのだが、「ケルト文化の名残」とでもいうべきものは、身近なところにたくさん残っている。たとえば、日本人なら誰でも知っている『蛍の光』は、元をただせばケルティック・ミュージックだし、ハロウィーンの習慣もケルトの祭りが原型。

「マクドナルド」などの人名に使われる

「Mac」も、ケルト語で「～の息子」という意味だし、「オニール」「オマリー」などの「O'」も、ケルト語で「～の孫」の意味。ヨーロッパの人たちにとっての「ケルト」は、歴史と文化の源でもあるのだ。

オランダに「ダム」のつく地名が多いのはなぜ？

首都のアムステルダム、経済都市のロッテルダム、観光地として人気の高いフォーレンダム、クリスタルガラスの街レーンダムなど、オランダには「ダム」のつく地名が多い。

それもそのはずで、「ダム」はオランダ語で「堤防」という意味。干拓によって国土を広げてきたオランダでは、川に堤防を築いて都市を建設してきた。それで、川の名前と堤防を結びつけた地名が多くなったのだ。

たとえば、アムステルダムは、その昔、アムステル川河口の小さな漁村だった。13世紀、ここに築城したギスブレヒト2世が、低湿地に運河をめぐらせ、杭を打ち込んだ土台の上に家屋を建てて都市を建設した。そして、アムステル川に堤防を築いて街を守ったので、「アムステルダム」という地名が生まれたのである。

また、第2の都市「ロッテルダム」も、ロッテ川がマース川に流入する地点に築かれた都市。その際、ロッテ川に堤防を築いたから、「ロッテルダム」という地名になった。

ちなみに、オランダ本国では、自国を「ネーデルランド」と称している。意味は、国土の4割が海抜ゼロメートル以下の国らしく、「低湿地」である。

日本で使われている「オランダ」は、もともとポルトガル語の「オランダ」が江戸時代初期に伝わり、そのまま定着した呼び方。オランダの独立運動の中心地となり、現在も政治、経済の中心である「ホラント」地方に由来するものだ。

現在でも、日本だけでなく、ポルトガルをはじめ、イタリアやスペインでも、「オランダ」と呼んでいる。

ヨーロッパに降る「赤い雪」の正体は?

ヨーロッパでは春先、「赤い雪」が降ることがある。昔は、なぜ赤い雪が降るのかわからず、「不吉な出来事が起きる前兆」など、いろいろな風説がささやかれてきたが、現代ではその原因は解明されている。

赤い雪を集めて顕微鏡で見ると、直径50ミクロン程度の砂粒が混ざっていることがわかるのだ。雪を赤く染めているのはこの砂塵。つまり、赤茶色の砂粒が混ざっているから、赤く見えるだけで、雪そのものが赤く変色しているわけではないのである。

その赤い砂粒はサハラ砂漠から飛んできたもの。サハラ砂漠の砂塵が風に乗って空まで舞い上がり、それがヨーロッパ大陸にまで達し、雪を赤く染めるのだ。

サハラの砂は、ヨーロッパだけでなく、大西洋を越えて、西インド諸島や南米にまで飛んでいく。サハラの砂塵にとっては、地中海を挟んだだけのヨーロッパなど、ごくごく近場なのである。

ちなみに、赤い雪という自然の手品のタネ

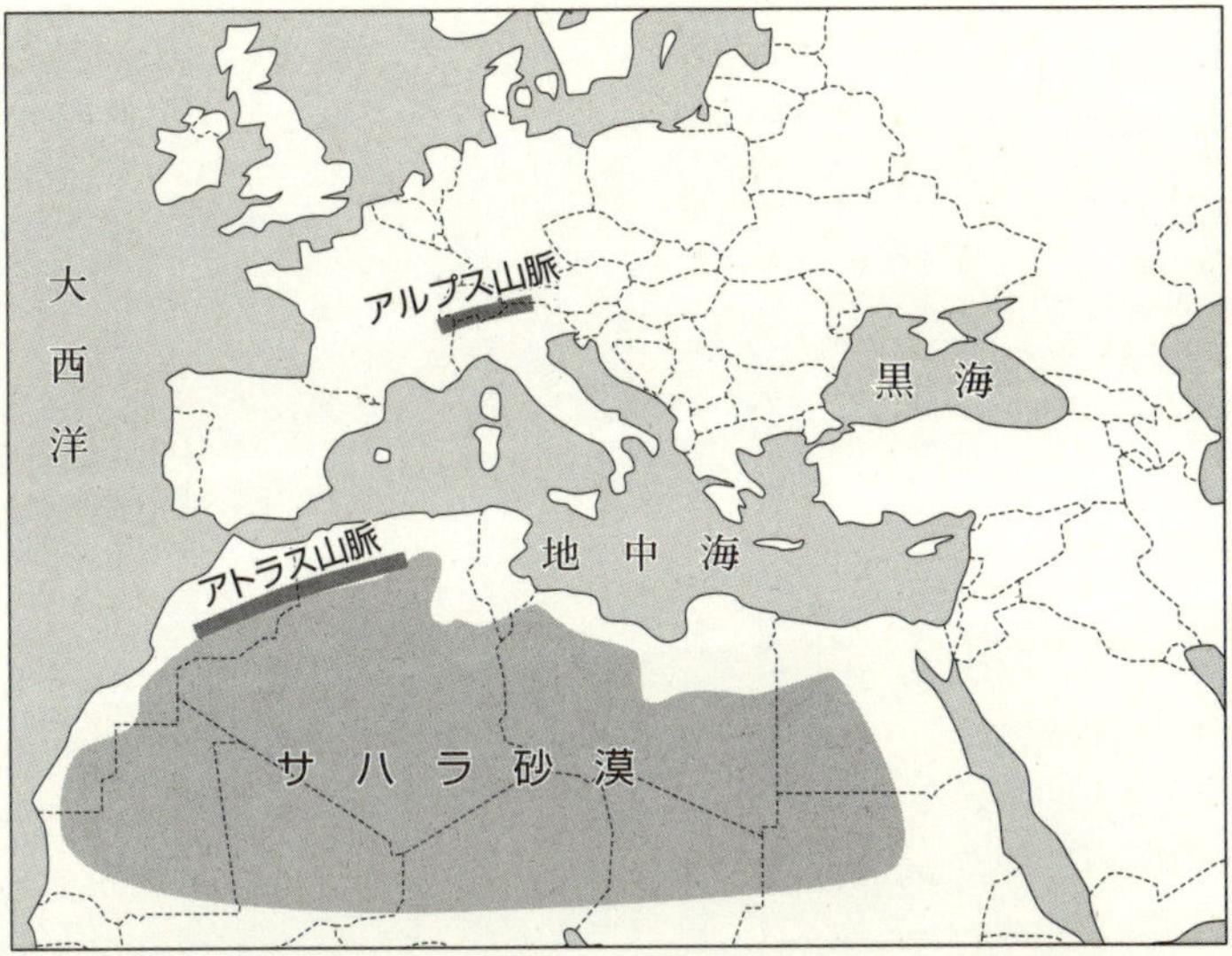

がサハラ砂漠だと、最初に気づいたのは、進化論を唱えたダーウィンだった。ヒントを与えたのは、砂塵による霧。アフリカ沖の海上では、よく砂塵による霧が発生するのだが、ダーウィンは、この現象から「サハラ砂漠の砂塵が貿易風に乗ってヨーロッパまで運ばれる」という着想を得たという。

ドイツが誕生した歴史的理由とは？

ドイツ人は、ドイツ語で、自分たちのことを「ドイチェ」と呼ぶ。日本語の「ドイツ」は、この「ドイチェ」から転じたもの。「ドイチェ」は「ドイツ民族」という意味で、9世紀ごろに生まれた言葉である。

もともとライン川沿いの地域には、さまざ

まな部族がそれぞれの国家をつくって暮らしていた。たとえば、北部にはフリーゼン族とサクソン族、チューリンゲン族、中部にはフランケン族とアラマン族、東部にはバイエルン族の部族国家があった。

やがて、その一帯を征服したフランク王国は、これら部族国家を支配下に置いたが、お互いの交流はほとんどないままだった。

ところが、9世紀になって、フランク王国が分裂して東フランクが生まれると、西フランクに対抗するため、初めて各部族国家が一つにまとまった。これによって、初めてゲルマン民族だけの国家が誕生し、統一民族名をつくる必要が生じた。そこで、高地ドイツ語で、「民衆」を意味する「ディウティスタ」が用いられ、これが変化して「ドイチェ」という言葉になったのである。

ちなみに、英語の「ジャーマニー」は、古代ローマ帝国時代、現在のドイツあたりに住んでいた人々を「ゲルマニア」と呼んだことに由来する。

この「ゲルマニア」の語源としては、いくつかの説があって、古代の言葉で「貪欲な人」という意味の「ゲルマン」、あるいは「沼地に住む人」という意味の「ゲル・マン」などがルーツではないかといわれている。

古い港町から国名が決まったポルトガルの事情とは?

ボタン、カッパ、テンプラ、カルタ、タバコ、コンペイトウといった、日本でおなじみのこれらの外来語は、すべてポルトガルからきた言葉である。

日本とポルトガルは、戦国時代の1543年、種子島に鉄砲が伝えられて以来のつき合いで、ポルトガル由来の外来語が多いことは、いかに関係が深かったかの証明になる。

はるばる海を越えて交易に訪れていたポルトガルの人々。その国名のもとになったのも海とはかかわりの深い港町の名前で、ポルトガル北部のポルト市に由来する。ドウロ川河口にある古くからの港町で、ローマ時代にドウロ川南岸がカーレという地名だったことから、昔は、ラテン語で「ポルトゥス・カーレ(カーレの港)」と呼ばれていた。

一時期、イベリア半島はイスラム勢力に支配されていたが、11世紀に、カスティーリャ王アルフォンソ6世を中心としたキリスト教徒の勢力が奪還。1095年に、ポルト市を中心とする地方を、娘婿のブルゴーニュ伯アンリに与えた。以降、この地方は、ポルトカーレ伯爵領と呼ばれるが、その後、伯爵領は拡張され、12世紀には独立王国となる。その間に「ポルトカーレ」が「ポルトガル」へと変化し、国名となった。

フランスのルーツになった民族は？

フランスの人口は、現在、約6000万人だが、この国は、昔から多くの移民を受け入れてきた。フランスに住み、フランス語を話し、フランスの価値観が共有できれば、誰でもフランス人になれるという国で、今では全人口の4人に1人が、先祖に外国人を持つといわれている。

現在、世界でもっとも有名なフランス人と

いわれるサッカーのジダンも、アルジェリア移民の子だ。

ただし、この国のルーツをたどっていけば、フランク族に行きつく。フランク族は、もともとゲルマン民族の中でも小さな一部族にすぎず、最初のうちは部族名もなかった。「フランカ」と呼ばれる投げ槍を主要な武器としていたので、そこから「フランク族」と呼ばれるようになった。

このフランク族が、3世紀ごろ、現在のドイツあたりから、ライン川を越えて西方に侵入する。そして、西ローマ帝国の崩壊後、先住民の西ゴート族をイベリア半島へと追いやり、フランク王国を起こしたのである。

そして、その中心地が「フランク族の土地」という意味で、「フランス」と呼ばれるようになった。

ちなみに、日本でよく知られる『フランダースの犬』は、フランス北東部からベルギー西部、オランダ南部におよぶフランドル地方が舞台。

「フランドル」は、その音からして「フランス」と関係がありそうだが、まったく無関係。ゲルマン民族が、北海から吹いてくる強い海風にちなみ、「強く吹く」という意味で「フランドル」と呼んだことに由来する。この「フランドル(Flandre)」を英語では、「フランダース」と呼ぶ。『フランダースの犬』の作者は、英国人作家のウィーダである。

中国語で「牛津」「剣橋」といったらどこの街?

中国語の新聞を見ていると「英国牛津市」

という表記が出てきた。さらに読み進むと、「牛津大學」という文字も見える。どうやら、「牛津」とはオックスフォードのことらしい。

オックスフォード市は、アイシス川（テムズ川上流）とチャーウェル川の合流点にあり、河川交通の港として発展してきた。

「オックスフォード（Oxford）」という地名は、「オックス」が牡牛で、「フォード」が浅瀬・渡し場。つまり「牡牛の渡し場」という意味。なので、牛に津（港という意味がある）をつけた「牛津」という表記はピッタリなのだ。

当然、「牛津大學」はオックスフォード大学のことになるが、そのライバルといえば、ケンブリッジ大学。

「ケンブリッジ」という地名は、その街を流れるカム川に由来している。730年ごろの記録によれば、現在のケンブリッジあたりは、「グランタケスティル（グランタ川のローマ人の城塞都市）」と呼ばれていた。これが、160年後には、「グランテブリゲ（グランテ川の橋）」となり、やがて、川の名前は「カム川」に、地名も「カムブルグゲ（カム川の橋）」へと変化した。

さらに、この「カムブルグゲ」が、英語の音韻変化によって「ケンブリッジ」と発音されるようになったという。ちなみに、中国語で「ケンブリッジ」は「剣橋」となる。

なぜドイツには「～ブルク」という地名が多い？

「デュイスブルク」って、どこの国の都市？と聞かれれば、その地名を知らなくても、ドイツの都市だと推測できるのではないだろうか。

ドイツには、ハンブルク、アウグスブルク、ローテンブルク、マグデブルク、レーゲンスブルクと、最後に「ブルク」のつく都市がやたらに多い。また、ドイツ以外のドイツ語圏でも、「ザルツブルク」「ルクセンブルク」と、都市名はもちろん、国名にも「ブルク」がついている。

現在のドイツ語で、「ブルク」は「町、城塞」という意味である。語源は、ヨーロッパの先住民であるケルト人の言葉で、「高台」を意味する「ブリガ」だと見られている。

日本でも、城は、見晴らしがよく、攻めにくい高台や山腹に築かれるものだが、ヨーロッパでも、似たような場所に築かれた。そのため、「高台」という意味の「ブリガ」が、「城塞」という意味の「ブルク」になった。

さらに、城塞が築かれれば、その周囲には城下町ができ、都市へと発展していく。ドイツ語の「ブルク」は、やがて「町」という意味にもなった。

たとえば、「ハンブルク」の地名は、高台ではなく、「ハン（湿地）」に城塞が築かれたことに由来し、「アウグスブルク」は、ローマ帝国初代皇帝の「アウグスッス」の名と「ブルク」とが結びついたもの。

また、日本の佐賀県と同じぐらいの面積の小国「ルクセンブルク」は、もともと「小さな城塞」という意味だった。

ただし、この「ルクセンブルク」というのはドイツ語で、フランス語では「リュクサンブール」となる。ドイツ語の「ブルク」は、フランス語では「ブール」となり、フランスにも、この「ブール」のつく「ストラスブール（街道の城）」などの都市がある。

よその国に税金を納めている国があるって本当？

税金は国民が国に納めるもので、国が支払うものではない……そんなこと常識だろうという人がいるだろうが、世界には税金を支払っている国もある。その国は、ヨーロッパの小国、アンドラ公国。支払い先は、隣国のフランスとスペインである。

アンドラ公国は、フランスとスペインの国境に位置し、面積はたった約470平方キロというから、種子島ぐらいのミニ国である。人口は約6万5000人だ。

この国は、8世紀のイスラム教徒によるイベリア半島進出をきっかけに生まれた。まず、イスラム教徒によってイベリア半島北部に追われたキリスト教徒が、イスラム勢力の侵入をピレネー山脈で食い止めるため、ウルヘル大聖堂を建設。キリスト教徒の町となった。

その後、13世紀になると、この地を統治していたフォワ伯爵とウルヘル司教の間で対立が起こり、結局、両者が共同領主となることを条件に、住民の自治権が認められた。そして、自治権を獲得する代わりに、奇数年にはフランスに、偶数年にはウルヘル司教に税金を納めることになり、それが1993年の独立後も続いているのである。

なお、このアンドラ公国には、独自の郵便制度がない。フランスの切手を貼った手紙は、フランスの四角いポストに、スペインの切手を貼った手紙は、スペインの丸いポストに投

世界地理全般
アジア・中東
南・北アメリカ
ヨーロッパ
アフリカ・オセアニア

函することになっている。そのため、街には、四角いポストと丸いポストが並んで立っている。

現在、このアンドラ公国には、年間130万人の人が観光にやってくる。その目的は、スキーと買い物。アンドラ公国には、消費税や関税がないので、20％前後の消費税を取られるスペインやフランスなどから買い物客が、大勢やって来て、大量に買い込んでいくというわけだ。「ヨーロッパのスーパーマーケット」といわれるこの商売が、住民の大きな収入源となっている。

カステラの故郷「カスティーリャ」ってどんな場所？

スペインには、二つの自治市を含む19の自治州がある。このうち、首都マドリードを中心に、南東に広がる地域を「カスティーリャ・ラ・マンチャ」、北西に広がる地域を「カスティーリャ・イ・レオン」。つまり〝カスティーリャ地方〟というのは、スペインのほぼ中心地域と考えていい。

カスティーリャは、贈答菓子の定番、カステラの〝ふるさと〟といわれる。カステラが日本に伝わったのは、16世紀のこと。スペインやポルトガルから来た宣教師や商人たちが持ち込んだようだ。おそらく「カスティーリャの国の菓子（当時、スペインはまだ統一されていなかった）です」などと語るのを日本人が聞いて、「カステーラ」という名前にしたようだ。当時は「加須底羅」や「家主貞良」の漢字が当てられていた。

ところで、このカスティーリャ（Castilla）

という地名、元をただせば、ラテン語で「城」を表す「castellum」の複数形「castella」からきている。この地方は、城が多く、今でも古い城跡や城壁が多数残っている。

これらの数多くの城は、スペインの波乱の歴史が生み出したもの。

紀元前3000年ごろから、イベロ族、フェニキア人に支配され、ローマ帝国が興ると今度はローマ人に支配され、紀元5世紀ごろにはゲルマン民族の西ゴート族がやって来て、8世紀ごろには北アフリカからイスラム教徒が侵入。その後11世紀から15世紀にかけては、国土回復戦争（レコンキスタ）でイスラム教徒を追い出して……と、とにかくカスティーリャの歴史は、人種入り乱れての戦乱の歴史なのだ。

当然、あちこちに城が築かれ、城の国「カスティーリャ」となったというわけだ。

今度、手土産のカステラをいただくときには、ぜひスペインの波乱の歴史に思いを馳せながら、味わっていただきたい。

コペンハーゲンと呼ばれるようになった経緯は？

デンマークは、ユトランド半島と405の島からなる小さな国。405のうち82の島に人が住み、互いの島は橋で結ばれている。中でも、首都コペンハーゲンのあるシュラン島は、隣国のスウェーデンへも橋を渡っていくことができる。海を挟んだ隣国と、十数キロしか離れていないという地理的条件が、昔からコペンハーゲンを発展させてきた。

もともとコペンハーゲンは、ノルマン人の

言葉で、単に「ハウン（港）」と呼ばれる天然港だった。スウェーデンにも近いため、海上交通の要衝として注目され、1167年、城塞が築かれた。それから人が集まるようになり、港湾都市として発展していく。

やがて、この街の呼び名も、単なる「港」に、「商業」を意味する「キオプマン」という言葉がつけられ、「キオプマンハウン」、つまり「商港」と呼ばれるようになった。

1443年、ここに首都が置かれると、現代デンマーク語で同じ意味の「ケーベンハウン」に名が改められた。これを英語表記したものが「コペンハーゲン」である。

ちなみに、高級陶磁器として、世界じゅうで知られる「ロイヤルコペンハーゲン」は、1775年、デンマーク王室のジュリアン・マリー皇太后の援助で創設された。世界でもっとも古い窯の一つで、王国とその領地で使われる陶磁器を製作する特権を持っていた。

1868年、王立から民間に移行されたが、ロイヤルコペンハーゲンの作品には、デンマーク王室御用達を表す王冠と、デンマークを囲む三つの海峡を表す3本の波線が描かれている。

スペイン人は自分の国をどう呼んでいる？

日本では一般に「スペイン」と呼んでいるが、実は「スペイン」というのは英語の国名。日本でいえば「ジャパン」に相当する。

では、「日本」に相当する国名は？　といえば「エスタド・エスパニョール」。スペイン人は、自分たちの国のことを「エスタド・

エスパニョール」と呼ぶのである。

「エスパニョール」の語源は、ローマ時代の地名「ヒスパニア」だが、この「ヒスパニア」の由来については、二つの説がある。

一つは、カルタゴ人が海岸地方に植民地をつくり、「スパンの国」と呼んだのが始まりという説。「スパン」とはウサギのことで、実際、この地方には野ウサギが多く、カルタゴ人は、農作物を荒らされて困ったといわれている。紀元前後に使われた貨幣にも、ウサギの絵が描かれ、他の国からも「ウサギの国」と呼ばれるほどだったという。

もう一つは、バスク語で「岸」を意味する「エスパナ」に由来するという説。岸辺につくられた植民地だったので、ローマ人が現地の人々が単に「岸」というのを地名と誤解したという。

ただし、スペインは、もともと五つの国が統一された国。自分たちの国を「エスタド・エスパニョール」と呼んでいても、互いに強く結びついているわけではない。

カスティーリャ、カタルーニャ、アンダルシア、バスク、ガリシアの五つの地方によって、言葉や習慣は違い、対抗意識も強く、それぞれの地方名を自分たちの〝国名〟のように思っている人が少なくない。

世界一古い国旗ってどこの国旗？

世界で、もっとも国旗を愛しているといわれるのが、デンマーク人。ほとんどの家庭には国旗立てがあり、祝祭日や王族の誕生日はもちろん、誕生日や結婚記念日など、個人的な記念日にも国旗を立てる習慣がある。サッカーの応援で、顔に国旗を初めてペイントしたのも、彼らだったとか。

それほど国民に愛されるデンマークの国旗は、赤地に白の十字架の入った「ダンネブロー」。「ダンネブロー」とは、本来は「色のついた布」という意味だ。

この国旗は、世界でもっとも古い国旗と言われている。ただし、あまりに古い話なのでたしかな証拠があるわけではないのだが、それが〝世界の常識〟となっている。

伝説によれば、1219年6月15日、当時の国王ヴァルデマー2世が、エストニアに遠征したとき、苦戦中のデンマーク軍の上に、どこからともなくダンネブローの旗が舞い降りてきた。これこそ、神の御加護とデンマーク軍は反撃に転じ、みごと勝利を収めたと伝えられる。

デンマークでは小学生でも知っている伝説だが、一説には、頭上に舞い降りてきたのは、赤い血に染まった白い旗だったともいう。

その後、このダンネブローが、デンマーク王の紋章として採り入れられたのは14世紀。それから、国王と海軍の旗となり、1854年から個人による利用も認められた。

デンマークでは、国旗の掲揚に〝規則〟があり、日の出後に掲げ、日没とともに下ろすことになっている。夜間に掲げるのは、侮辱になるという。

どうしてアルプス山脈と呼ばれるようになった？

甲子園球場の外野寄りの内野席を「アルプ

スタンド」と呼ぶ。この名前がつけられたのは、昭和4年のこと。当時は、甲子園球場で開催される夏の高校野球が大人気。新しく増設されたこのスタンドが、白いシャツの野球ファンでいっぱいとなったのを見て、漫画家の岡本一平が「そのスタンドは、また素敵に高く見える、アルプススタンドだ」と書いた。これ以来、「アルプススタンド」と呼ばれるようになり、現在、高校野球開催中は、出場校の応援席となっている。

もちろん、「アルプススタンド」という名は、ヨーロッパの大山脈にちなんだもの。

その本家「アルプス」は、先史時代、ヨーロッパに広く住んでいたケルト人の言葉に由来するという説が有力だ。ケルト語で「山、岩山」という意味の「アルプ」が、複数形となって「アルプス」となり、ローマ帝国の時代に固有名詞となった。

中世の一時期、「アルプス」という呼び名は使われなくなったが、その呼び名が、記録文の中に残されていた。近世になり、それを見つけたフランスの地理学者が「アルプス山脈」と呼び出したのをきっかけに、世界じゅうに広まることになった。

ただし、本家「アルプス」の語源には、このほかにもいくつかの説がある。たとえば、ケルト人の前に住んでいたリグル人の言葉からの借用語という説もあるし、ドイツ語で「高地牧場」という意味の「アルム」が語源という説もある。

しかし、先史時代の住人リグル人由来説は、今となってはもはや確認できず、ローマ帝国時代の記録が残っているという点から、ケルト語語源説が、現在は最有力とされている。

ロンドンはそもそもどうやってできたのか？

イギリスの首都ロンドンの歴史は、実に2000年もさかのぼることができる。古くはケルト人の住む小さな村だったが、紀元前後にローマ人が侵入。テムズ川北岸に「ロンデニウム」という街をつくった。というのが、ローマ支配下の115年の記録に出てくる。

この地名は、ローマ人のつけたものではなく、先住民のケルト人が、そう呼んでいたのだろうと考えられている。ケルト人が使っていた言葉の一つ「古代アイルランド語」には、「野性味のある、勇敢な」という意味の「ロンド」という言葉があり、これが「ロンデニウム」の語源ではないかという。

古代から水上交通の要衝だった「ロンデニウム」では、町の防御のため、周囲に壁がはりめぐらされた。この壁の中が、現在の「シティ・オブ・ロンドン（通称シティ）」とほぼ一致している。

それ以後、シティは、商業の町として発展する。バッキンガム宮殿など政治の中心は、ウエストミンスターで、シティとウエストミンスターを合わせて「グレーターロンドン」と呼び、その人口は約750万人である。

ヨーロッパの国旗に「星」が使われていないのはなぜ？

東京にあるEU加盟国の大使館では、それぞれ自国の国旗とともに、EU旗を掲げている。このEU旗は、1986年にEUによって正式に決定されたもの。

紺地に、12個の黄色い星が円形に配置されているが、星のデザインが選ばれたのは、特定の加盟国を連想させないからである。実際、ボスニア・ヘルツェゴビナをのぞいて、欧州の国旗に星が使われたものはない。

一方、ヨーロッパ以外ではアメリカ合衆国の星条旗をはじめ、イスラム圏やオセアニアの国々など、星を使った国旗が少なくない。

欧州の国旗に星が少ない理由は、いくつか指摘されている。まず、長い間対立関係にあったトルコやアラブ諸国など、イスラム教国の国旗に三日月と星が描かれていることが大きいという。また、キリスト教圏には十字架というシンボルがあり、それで充分だったという理由もある。さらに、星は、アメリカ合衆国やソ連という超大国の象徴でもあり、それを避けたという理由もあるようだ。

とくに、ロシア革命以降、ソ連の国旗に星が現れ、赤い星は社会主義の象徴となった。社会主義国時代のユーゴスラビア国旗にも、青、白、赤の横三色旗の中央に、黄色で縁取られた赤い星が輝いていた。

しかし、この国旗を受け継いだセルビア・モンテネグロの国旗からは、その大きな星は削除されている。

ちなみに、同じく旧ユーゴスラビアのボスニア・ヘルツェゴビナの国旗には、星が描かれているが、これは１９９８年に制定された新しい国旗で、最初からＥＵ旗を意識してデザインされたことが影響している。ＥＵ旗に似せたのは、平和への苦難の道のりをＥＵ諸国の支援で乗り切れたことに感謝し、ＥＵ加盟への期待をアピールするためだった。

⑤アフリカ・オセアニア

スワヒリ語の「スワヒリ」ってどういう意味？

「スワヒリ語」と聞いてピンとこない人でも、「ジャンボ！」というあいさつは聞いたことがあるのではないだろうか。「ジャンボ」は、スワヒリ語で「やあ！」とか「こんにちは」という意味である。

スワヒリ語は、ケニアの公用語であり、タンザニア、ウガンダでも、英語とともに公用語の一つとなっている。さらに、ルワンダとブルンジ、コンゴ民主共和国（旧ザイール）の東部など、東アフリカ一帯で話されている言葉である。

この「スワヒリ」とは、もとはアラビア語で「海岸」という意味だ。

ケニアの沿岸部では、昔からアラブ人との

間で交易が行われていた。当然、アフリカ東部に住みつくアラブ人も多く、どんどん交流が進んでいった。

当初、交易には、アラビア語か、現地の言葉であるバンドゥー系の言語が使われていたが、その中から、文法はアフリカ式で、語彙はアラビア語の影響を強く受けた言葉が生まれてきた。これが、現在のスワヒリ語で、最初のころは「海岸」という意味のとおり、沿岸部だけで通用する言葉だった。

ところが、アフリカでは、昔から各部族ごとに固有の言語が話され、部族間の意思疎通がほとんどできなかった。スワヒリ語は、現地のアフリカ人にとっても、他部族と話ができるとても便利な言葉だったので、急速に広まったのである。

現在、スワヒリ語圏では、ふだんは部族の言葉を話し、他部族の人と話したり、公共の場ではスワヒリ語を使うという人が多い。

乾季に起きるカラハリ砂漠の不思議とは？

「カラハリ砂漠」は、アフリカ大陸の南部に57万平方キロメートル（日本の約1・5倍）にわたって広がっている。大量の砂に覆われた砂丘地帯とともに、灌木や草が生える平原地帯（サバンナ）が散在している。

映画に出演して世界的に有名になったニカウさんが暮らしていたことでも知られているが、この「カラハリ」という地名は、アフリカの南西端で話されている言葉の「カリカリ」が語源と考えられている。

「カリカリ」の意味は、ズバリ「苦しみ」である。地平線の果てまで、不毛な砂地やサバンナが続く大地は、苦しみの土地に思えたのだろう。カラハリ砂漠の南部に住むオランダ系住民も、この砂漠を「ボスエフェルト（イバラの野）」と呼んでいる。

カラハリ砂漠の中には、「カラハリ砂漠の宝石」と呼ばれる湿地帯がある。この砂漠のオアシス、オカバンゴ・デルタは、不思議なことに、毎年、カラハリ砂漠がカラカラに乾く乾季のピークに合わせるように水量を増し、大湿原地帯をつくり出す。

そこへ、ライオンやチーターはじめ、ゾウやキリン、水鳥など、数多くの野生動物が、飲み水を求めてやって来る。

こんな現象が起きるのは、雨季にアンゴラ高原に降った雨が、半年かけて、約1000キロ下流のオカバンゴ・デルタまで流れてくるからである。

なお、アフリカには、カラハリ砂漠以外にも、サハラ砂漠、ヌビア砂漠などの砂漠が広がっているが、アフリカ北部の広大な「サハラ砂漠」の「サハラ」は、「荒れた大地」を意味するアラビア語の普通名詞が、固有名詞化したもの。

また、紅海とナイル川の間に広がる「ヌビア砂漠」は、古代エジプト時代、ナイル川上流に栄えた国を「黄金の国」という意味で「ヌビア」と呼んだことに由来している。

タンザニアとケニアの国境が妙な形に曲がっているのはなぜ？

四方を海で囲まれた日本に住んでいると、「国境」といわれても、もう一つピンとこな

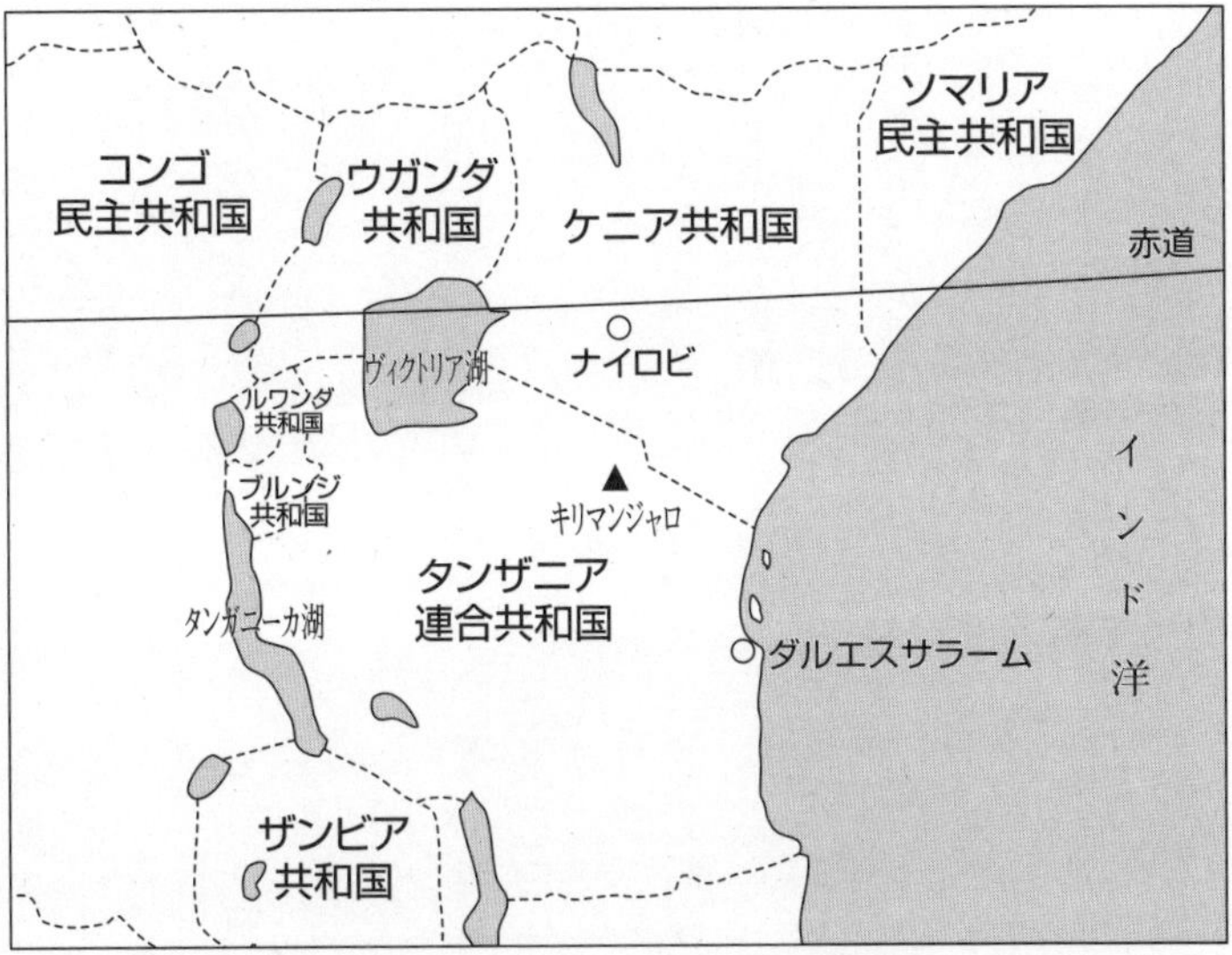

いが、大陸にある国では事情が違う。「国境線」は国の存亡にかかわる大問題であり、今も国境をめぐる紛争が絶えない。

ただし、国境の変更には、いつも流血を伴うかというと、必ずしもそうでもない。なかには、穏便に国境線が変更されたケースもある。

タンザニアとケニアの間に引かれた国境線はその好例だ。

ケニアとタンザニアの境界線がいったん確定したのは１８８５年。この年、ベルリンで開催された国際会議で、アフリカの分割が協議され、ケニアはイギリス領、タンザニアはドイツ領と決まり、インド洋のウンバ川河口とヴィクトリア湖を結ぶ直線が二つの地域を分ける境界線とされた。

現在の国境線はこれとは少し違い、両国を

分ける境界線は途中でケニア側に折れ曲がっている。そのため、現在、キリマンジャロ山は「タンザニア領内」になっている。

境界線の変更を申し入れたのはドイツ側で、その理由は、ドイツ人登山家のメイヤーがキリマンジャロの初登頂に成功したこと。そこで、「初登頂記念にキリマンジャロを譲渡していただきたい」とイギリスに申し入れたのだ。

キリマンジャロといえば、アフリカの最高峰。イギリスも簡単には譲れないはずだが、この国境変更では穏やかに協議がすすんだ。その理由は、当時のドイツ皇帝ウィルヘルム2世がイギリスのヴィクトリア女王の孫だったこと。

ヴィクトリア女王が「困った孫だこと、ホホホ」と言ったかどうかは明らかではないが、イギリスが折れて平和裡にキリマンジャロをドイツに譲ることになった。

マダガスカルでアジア系の言葉が話されているワケは？

童謡『アイアイ』の歌詞には、「南の島」が登場する。この「南の島」が指しているのは、アフリカの東側に浮かぶ島国マダガスカルである。アイアイというのは、マダガスカルにだけ棲息するサルで、現在、絶滅の危機に瀕している。

マダガスカルは、いろいろな意味でユニークなところで、たとえばこの島に棲息する野生動物の70～80％は、このアイアイをはじめとする、固有種といわれる。

これは、約2億年前にゴンドワナ大陸に裂

け目ができて、大陸移動が始まったとき、マダガスカルだけが孤立し、動物たちが独自の進化をしたからと考えられている。それゆえ「第七の大陸」とも呼ばれる。

また、アフリカ大陸の東海岸に隣接していながら、なぜか東南アジアとの共通点が多いのも特徴。

たとえば、この島で使われているマダガスカル語は、オーストロネシア語族という言語系統に属し、これはベトナムの一部や東南アジア島嶼《とうしょ》部、台湾、ミクロネシアなどの言語と同じルーツを持つ。さらに、コメを主食にすることも、アジアと似ている。また、土着の伝統宗教も、東南アジアと共通の要素が少なくない。

こうしたマダガスカルの謎については、まだ、充分に解明されているわけではないが、現在、マダガスカル人の祖先はインドネシア人ではないか、と考えられている。現在のインドネシアやマレーシアで暮らしていた人々が、季節風を利用して、アウトリガー付きの丸木舟に乗って、はるばるやって来たという説が有力なのだ。

インドやアラビア半島を通って、大陸づたいにやって来たという説もあるが、それにしては、途中のアラビア半島やアフリカ大陸東海岸にアジア人の痕跡が残っていないので、この説は信憑性が薄いとされている。

もっとも現在では、かつてフランス領だったこともあり、フランス語が公用語になっている。

マダガスカルは、アジア、アフリカ、フランスなど、世界の文化が混ざり合ったユニークな島というわけだ。

赤道直下でも雪が降る場所ってどこ?

赤道直下というと「暑くて死にそう」というイメージがあるが、はっきりいって、これは誤解である。地球上でもっとも暑いのは、赤道直下ではなく、緯度20度のあたりの砂漠地帯で、赤道直下は意外と過ごしやすい地域が多いのだ。

赤道地帯が比較的過ごしやすいのは、緯度20度のあたりと違って、雨がよく降るから。赤道直下に砂漠が少ないのもそのためだ。日差しは強くても、雨さえ降れば、それほど暑くはならないのである。

また、赤道直下には「冬」というものがそもそもないので、「雪なんて降るわけない」と思っている人が多いと思うが、これも誤解。気温は標高によっても変わるので、赤道直下でも標高の高い山には雪が降る。

赤道直下に位置する国の中で、もっとも雪と縁が深いのはケニア。「ケニア」という言葉はもともと「白い山」という意味であり、この国には、白い雪で覆われた山が存在するのである。

雪が降るのは、その名もずばりケニア山。この山は万年雪に覆われ、山頂付近には氷河もある。赤道直下で氷河といってもピンとこないだろうが、ケニア山の標高は5199メートル。これだけ高ければ氷河もできるのだ。

ケニアの首都ナイロビも赤道直下に位置しているが、ここも標高1700メートルの高原にあるため過ごしやすい、というか、赤道直下とは思えないくらい涼しい。観光ガイドには「ナイロビの気温は、夏の軽井沢と同じくらいなので、セーターやジャケットをお持ちください」などと書かれている。

なお、赤道直下に位置するケニアに四季はないが、一応「季節」のようなものはあり、3月から5月が大雨期、10月と11月が小雨期になる。

なぜモロッコの中にスペイン領があるのか？

現在も、地球上から植民地が消えたわけではない。たとえば、北アフリカのモロッコの北端、セウタとメリリャの二都市は、現在も植民地である。

この二都市の植民地としての歴史は長く、セウタがポルトガルの植民地になったのは1415年のこと。メリリャがスペインの植民地となったのは1497年のことだ。

現在はセウタもスペイン領となっているが、これは1580年に、ポルトガルがいったんスペインに併合された歴史があるため。その後、ポルトガルはスペインから独立したが、セウタはスペイン領として残され、今日に至っている。

一方、モロッコが独立国となったのは1956年。以来、モロッコは再三にわたってセウタとメリリャの返還をスペインに求めているが、スペインは拒否し続けている。

ただ、スペインの植民地経営が、現在もうまくいっているのかというとそうでもなく、むしろセウタとメリリャは、現在では、スペインにとって頭痛の種になっている。密入国者があとを絶たないのである。

セウタとメリリャはスペインの一部、つまりEUの一部なので、いったんセウタやメリリャに入ってしまえば、EU内を自由に移動できる。そこで、アフリカじゅうから、ヨーロッパへの密入国希望者が、この二つの都市に押し寄せているのだ。

スペインにとって、セウタとメリリャはアフリカ大陸への入口だが、アフリカ人にとっては、ヨーロッパへの入口(裏口ではあるが)というわけである。

スペインは、密入国対策として警備兵を増員したり、町を鉄条網で囲んだりしているが、密入国者は増えるばかり。モロッコ側の警備兵と衝突が起きて、緊張が高まることもある。

今のところ、スペインに二都市を返還する気配はないが、現在のような状況が続けば、今後どうなるかはわからない。

アフリカにあるワイン色の湖はどうやってできた?

天然のソーダでできた湖、というと、なんとなくラムネ色に泡立ったメルヘンチックな光景が思い浮かぶかもしれないが、実際はぜんぜん違う。

アフリカ大陸の東側には、紅海のあたりから南に向けて、大きな谷が走っている。「アフリカ大地溝帯」といって、マントルの上昇によって大陸に生じた亀裂のようなものだ。この大地溝帯にある二つの湖、タンザニア北部のナトロン湖とケニア南部のマガディ湖は、天然のソーダでできた湖。地球の内部から運ばれてきたソーダ(炭酸ナトリウム)が湖水に溶け出しているのだ。

この湖、実際にどんなふうに見えるかというと、ちょっと濃いめのワイン色。ソーダが溶けた湖水は、強いアルカリ性を帯びる。このアルカリ性を好む暗赤色の藻が大繁殖して、水が赤く染まるのだ。

そういう特殊な環境だから、湖に棲む生物はごくかぎられている。この藻類のほかには、小型の甲殻類とわずかな魚が棲息するだけ。大型動物はフラミンゴと、ときおりペリカンが姿を見せるぐらいだ。

ところで、この大地溝帯は火山活動が活発な地域でもある。ということは、温泉地帯でもあるということ。

実際、ナイロビから100キロ、車で3時間ほどの距離にあるマガディ湖は〝天然の露天風呂〟として、日本人観光客やナイロビ在住の日本人に人気がある。

といっても、ちゃんとした温泉施設があるわけではなく、流れ込む川がそのまま温泉になっているだけ。なにしろ、石けんの原料になる天然ソーダを大量に含んでいる強アルカリ泉だから、肌がツルツルというかヌルヌルになる。

それでも広大なアフリカの光景の中で、ゆったりと温泉三昧、しかもフラミンゴと混浴というのは、世界じゅうでここでしか体験できないだろう。〝秘湯ファン〟には、とくにおすすめしたい。

「オセアニア」ってそもそもどの範囲？

「ハワイに行きます」「グアムに行きます」という人はよくいるが、「オセアニアに行きます」という人はまずいない。

「オセアニア」という言葉をあまり使わないのは、この言葉の示す範囲が漠然としているからだろう。広すぎるうえに、人によってオセアニアの示す範囲が違うのだ。

まず、オセアニアには、ミクロネシア、ポリネシア、メラネシアの三つの区域の総称という定義がある。

ミクロネシアは、太平洋の日付変更線より西、赤道より北にある島々の総称で、日本人におなじみのグアムやサイパンはこのミクロネシアに含まれる。

ポリネシアは、日付変更線より東で、ハワイ、ニュージーランド、イースター島を結ぶ三角形の範囲とされている。ただし、現在、日付変更線は、キリバス共和国のところで東側に張り出す形になっているが、ポリネシアの概念としては、ほぼ東経180度を境としている。

メラネシアは、日付変更線より西、赤道より南の区域で、ニューギニア島、ソロモン諸島、フィジー諸島、ニューカレドニア島などが含まれる。

ただ、これはあくまでも一つの見解で、一般には、オーストラリアやニュージーランドもオセアニアに含める。世界をアジア州、アフリカ州、北アメリカ州、南アメリカ州、ヨーロッパ州、オセアニア州の6地域に分けて「六大州」というが、この場合のオセアニア州にはオーストラリアも含まれている。

また、オセアニアの島々とアフリカ近くの島々には文化的な連続性が見られることから、アフリカの東側のマダガスカル島やアフリカ大陸の南東部すら、オセアニアととらえ

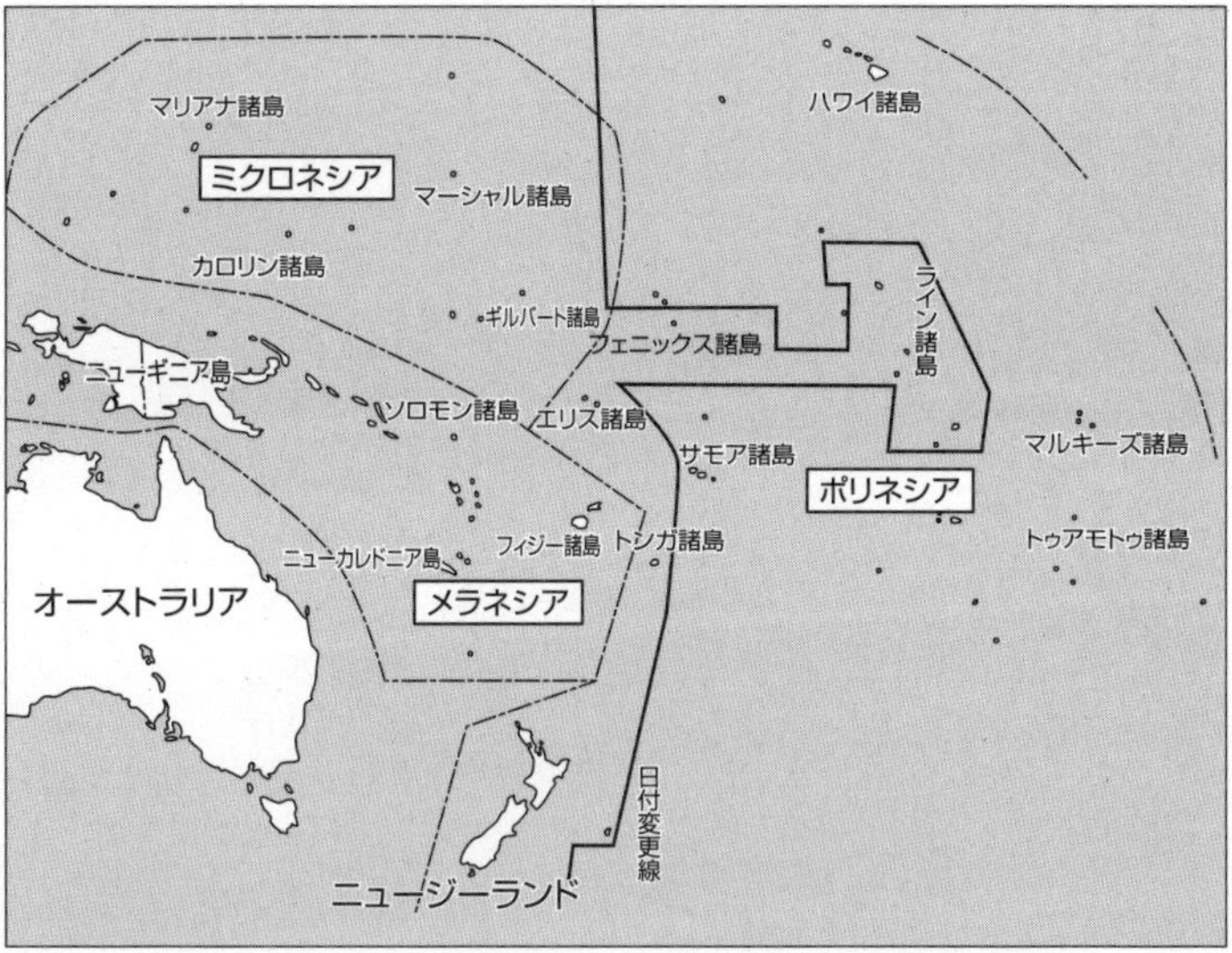

る学者もいる。

アフリカでもとりわけジブチが暑いのはどうして？

アフリカ大陸の北東部、紅海とアラビア海を結ぶマンダブ海峡に面するジブチ共和国は「世界でもっとも暑い」といわれる国。

どのくらい暑いかというと、首都ジブチの年間平均気温は29℃台で、これは東京の2倍にあたる数字。

ジブチの季節は、10月から4月までの涼季と、5月から9月までの乾季に分けられるが、涼季でも日中の気温は28℃から33℃。乾季は40℃を超える日がざらで、暑い日は50℃を超え、日陰でも45℃に達する。日本では35℃を超えると酷暑日というが、ジブチの酷暑はそんな生ぬるいものではないのだ。

アフリカ諸国の中でも、とくにジブチが暑いのは、気団の影響が大きいといわれる。気団とは、気温や湿度の状態が一定している大気の塊のことで、ジブチは年間を通してアラビア半島やインド洋上で発生した暖かい気団に包まれている。その熱がこもり、暑さに拍車がかかるというわけである。

ともあれ、ここまで暑いと、普通に生活するのも命がけ。乾季の昼間は外に出るだけで危険なので、ジブチの人たちはよほどの用事がないかぎり外出はしない。また、日中は熱風が吹き荒れているので、エアコンが壊れていても窓を閉めきらなければならない。

車に乗るときも同じ。ジブチにはエアコンつきの車などほとんどないが、皆、窓は閉めきっている。窓を閉めきったら暑いが、熱風をもろに浴びるよりはましなのだ。

外を歩くときは、とにかく慎重に。コンクリートの道路は熱したフライパンのような状態になっているので、下手にころぶと全身にやけどをする恐れすらあるからだ。

世界で一番たくさんの言語が使われている国は？

カナダでは、英語とフランス語、二つの言語が使われている。スイスでは、ドイツ語、フランス語、イタリア語、ロマンシュ語と、公用語が四つあって、地域によって細かく言語圏が分かれている。それだけで充分ややこしいと思うが、パプア・ニューギニアの場合はこんなものではない。

なんと、860もの言語が使われているの

だ。これは、世界の言語の約3分の1にあたる数字。こんなにも多くの言語がある理由は、パプア・ニューギニアには500以上の部族があって、それぞれがあまり他の部族と交流を持たず、独自の文化と風習を保ちながら共存してきたから。つまり、部族の数だけ言語がある、というわけである。

ちなみに、パプア・ニューギニアの全人口は、約400万人。平均すると、わずか5000人足らずで一つの言語を持っていることになる。東京都世田谷区の人口が約80万人だから、世田谷区の中に160もの部族があって、異なる言語を持っているようなものだ。これでは、道一つ隔てたら、ぜんぜん言葉が通じない、なんてことになりかねない。

そこで、種族間の共通語としてトクピシンという言語が使われている。これは、英語をもとにして生まれた、いわゆる「ピジン英語」の一種で、たとえば、自転車は「wilwil」。これは車輪を表す「wheel」が二つあるから。女性を意味する「meri」は、固有名詞の「Mary」からきている、というように、英語と現地語の基本的なボキャブラリを組み合わせて、なんとか意思疎通をはかろうとしてできあがった素朴な言語だ。

もっとも、公用語は英語なので、奥地の山岳地帯にでも行かないかぎり、たいていは英語で間に合うので、意外に不自由はない。

オーストラリア国旗の「星」にはどんな意味がある？

過去のイギリス植民地や現在のイギリス領などが加盟するイギリス連邦には、カナダやオーストラリア、インド、マレーシア、ナイジェリア、南アフリカなど53カ国が加盟している。

そのうち、国旗にイギリス国旗のユニオンジャックをあしらっているのは、オーストラリアとニュージーランド、ツバル、フィジーの4カ国である。

その中でも、オーストラリアの国旗は、世界的な公募で選ばれたことで有名だ。

イギリスの植民地時代の1901年、オーストラリア連邦が結成されたのを機にコンペを開催。世界じゅうから3万2823通のデザインが寄せられた。その中から、14歳の少年を含む5人が描いた同じようなデザインをもとに、現在の国旗がつくられた。

紺地の左上に、ユニオンジャックがあり、六つの星が描かれている。それらの星のうち、ユニオンジャックの下にある大きな星は、七つの光を放つ七稜星となっている。これは、国を形成する六つの州と、一つの領土を表している。また、右側の五つの星は、南十字星をかたどったものである。

ちなみに、ニュージーランドの国旗は、オーストラリアとよく似たデザインで、ユニオンジャックの右側に、やはり南十字星をかたどった星が描かれている。

ただし、オーストラリアは五つの星で表されているが、ニュージーランドは四つの星だけが描かれている。

また、南太平洋の島国であるツバルの国旗は、左上にユニオンジャックがあり、それ以外は水色をバックに黄色の星が九つ描かれている。水色が太平洋の大海原、九つの星がツバルの島々を表すという。

オーストラリア

ニュージーランド

ツバル

フィジー

フィジーの国旗も、左上のユニオンジャックのほかは、太平洋を表す水色地で、そこに王家の紋章が配されている。

「カメルーン」の国名に隠された複雑な事情とは？

大分県の「中《なか》津《つ》江《え》村」をご記憶だろうか。2002年のW杯日韓大会で、カメルーンがキャンプを張った小さな村である。カメルーンチームの来日が遅れたことで、ずいぶんと話題になったものだ。

その「カメルーン」の語源は、ポルトガル語の「カマローネス」。意味はエビである。カメルーン共和国は、アフリカ大陸中央部にあって、ギニア湾に面している。15世紀には、ウーリ川のポルトガルと交易をしていたが、入江にはたくさんのエビがいた。無数のエビに驚いたポルトガル人が、「エビの川」という意味で「リオ・ダス・カマローネス」と呼ぶようになったという。

その後、カメルーンは、ドイツの保護領となったり、イギリス、フランスの統治下に置かれたりしたが、地名はそのまま使われ続けた。やがて「カマローネス」が「カメルーン」に転じて、現在まで使われている。

ちなみに、カメルーンの歴史は複雑で、第一次世界大戦でイギリス、フランスの攻撃を受け、戦後、両国に占領される。このとき、西カメルーンはイギリス、東カメルーンはフランスの統治領となった。

1960年に東カメルーンが独立したが、西カメルーンは南北に分裂。北部は、隣のナイジェリアと合併し、南部は、東カメルーンと連邦共和国を結成する。そして、66年に、改めて東西カメルーンが合併している。

これだけ複雑な歴史を経ているのも、国内には約100の部族があり、言葉も同じだけあることが背景になっている。

現在、公用語は英語とフランス語だが、サッカーのカメルーン代表でさえ話す言葉はさまざまで、コミュニケーションを取るのが難しいといわれている。

アフリカ大陸最南端が「喜望峰」と名付けられたのは？

アフリカ大陸最南端の岬を「喜望峰」という。大航海時代から、ヨーロッパを出発してインド、中国、日本へと向かう航海は、大西洋を南下して、このアフリカ大陸の最南端に

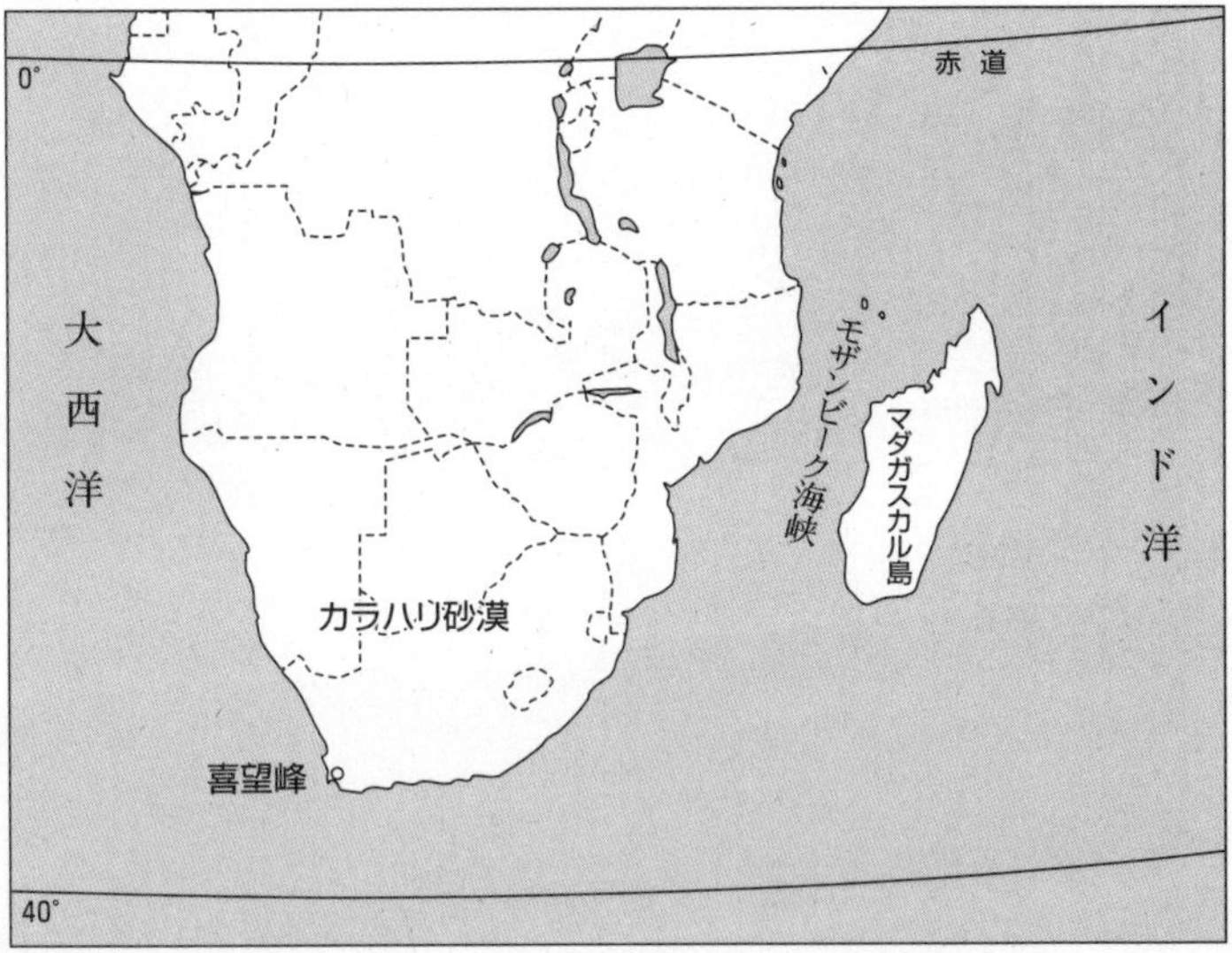

ある「喜望峰」を回り、インド洋へ入るコースが取られてきた。

実は、この岬に最初につけられたのは、「嵐の岬」という名だった。

15世紀後半、ポルトガルの探検家バーソロミュー・ディアスは、インドへの新たな航路をめざして、アフリカ西岸をひたすら南下していた。

やがて、「吠える40度」と呼ばれ、偏西風のため、いつも荒れている海域に入り、ついにアフリカ大陸を迂回したと確信する。そして、その大陸の最南端に、強風のため苦労した航海にちなみ、「嵐の岬」と名づけた。1488年のことである。

しかし、報告を受けたポルトガル国王は、すぐにその地名案を却下する。絶望的な気分にさせるとして、「喜望峰（ケープ・オブ・

グッドホープ)」という名に変えたのだ。

当時、ポルトガル国王は、コショウなどの香辛料の豊富な産地であるインドへの進出を考えていた。そのため、インドへ移民を送る計画もあった。

その航海途上にあるのが「嵐の岬」では、あまりにも印象が悪い。いかに航海の難所であっても、希望に満ちた新天地への入口というイメージを強調するため、「喜望峰」としたのである。

その10年後、喜望峰を回ってインドへ到達したヴァスコ・ダ・ガマの艦隊が、大量の香辛料を持ち帰る。これを売って、ポルトガル王室が手にした利益は、艦隊派遣費用の約60倍におよんだといわれる。

たしかに、喜望峰は、ポルトガル王室にとっては、莫大な富をもたらす新天地への希望の入口となった。

世界一の〝ビッグシティ〟っていったいどこ?

「世界でもっとも広い国は?」という質問には、ほとんどの人が「ロシア」と答えるだろう。ロシアの国土は、地球上の陸地の8分の1。世界地図を広げれば、ロシアが世界一広い国であることは一目瞭然である。ところが、「世界でもっとも広い市は?」となると、すぐに答えられる人はまずいないだろう。

さて、世界は広いもので、地球上には、並の「国」よりも大きな「市」が存在する。世界一広い市といわれるのは、オーストラリアの北東部、クイーンズランド州にあるマウントアイザ市。マウントアイザ市が統括している面積は、約4万1225平方キロメートル。日本の九州の総面積が4万2168平方キロだから、ほぼ同じである。

マウントアイザ市には、オーストラリア最大の地下鉱山があり、地下にも坑道が張りめぐらされているから、地下も合わせると面積はもっと広くなる。ただ、マウントアイザの人口は2万人台で、面積は広くても、決して「大都市」ではない。

さらに、町になると、マウントアイザ市よりも広い面積を持つ「町」がある。アメリカはアラスカ州、ノース・スロープ郡の町バローである。この町が統括する地域の面積は22万7920平方キロメートル。日本の本州の総面積は23万1081平方キロメートルだから、町としてはとんでもない大きさである。

ただし、バローの人口は約4000人。面積はとてつもなく広いが、人口で考えれば小さな町ということになる。

昔、アフリカにはどんな国があった？

かつて、アフリカは〝暗黒大陸〟と呼ばれていた。しかし、それはあくまでもヨーロッパ諸国から見た一方的な見方であって、アフリカでは紀元前からすでに、クシュ王国やアクスム王国といった王国が栄えていた。知らぬはヨーロッパ人ばかりなり、ということだ。

紀元前920〜紀元後350年ごろに栄えたクシュ王国は、ナイル川上流にあった最古の黒人王国で、一時はエジプトも支配したこともある。しかし、その後はアッシリア人のエジプト侵入で後退を余儀なくされた。

このクシュ王国を滅ぼしたのがアクスム王国で、もともとはアラビア半島から移住してきたアクスム人が、アビシニア高原に建てた国。これが、のちにエチオピアになる。

8世紀から16世紀にかけては、金で栄えた「黄金の国」ガーナ王国、このガーナ王国に代わって金産地を支配して栄えたマリ王国、このマリ王国を滅ぼしたソンガイ王国、このソンガイ王国がモロッコ軍に滅ぼされると、カムネ王国やボルヌ王国が代わって勃興するなど、とにかくアフリカの歴史は王国の玉突きゲームのような状態だったのだ。

その後、ヨーロッパが大航海時代に突入すると、多くのアフリカ諸国はヨーロッパの植民地となっていくが、このときも多くの支配国は、無理に王制を廃止することなく、王を植民地の行政首長として存続させた。波風を立てずに間接支配するために、王国を利用したのだ。

アフリカの国名と色の関係は？

アフリカ諸国には、国名の語源が「黒い」という意味の言葉に由来することが多い。たとえば、スーダンはアラビア語で「黒い人の国」を意味する「ビルヤド・エス・スーダン」を語源とする。

「エチオピア」という名は、そのまま「黒い」という意味ではないが、もとはギリシャ語で、「陽に焼けた人の国」という意味だった。

ギリシャ語で、「陽に焼けた」を「アイトス」という。「人」は「オプス」で、これに地名接尾語の「イア」をつけて、「アイトスオプシア」となる。古くは、この「アイトスオプシア」というのが、正式な国名だったが、やがてこれが変化して「エチオピア」と呼ばれるようになった。

また、ヨーロッパ人は、19世紀末まで、エチオピアのことを「アビシニア」とも呼んでいた。アラビア人が、この地方の人たちを「ハバシ（黒い）」と言うのを聞き、16世紀ごろから、そう呼ぶようになったのである。

しかし、「黒い国」という意味が、侮蔑的な響きを持つというので使用が控えられ、古いギリシア語地名である「エチオピア」に統一されたという経緯がある。

ちなみに、「ソマリア」も、ヌビア語の「黒い」という意味から、「ソマリ族」の名がついた。これに、ヨーロッパ人が、ラテン語の地名接尾語のイアをつけ、「ソマリア（ソマリ族の国）」と呼ぶようになった。

「ギニア」も、白色人種のベルベル族が、移民していったとき、ベルベル語の「黒い」という意味の「アグナウ」から「キナバ」という地名をつけた。これが転じて、「ギニア」になった。

ケニアとナイロビの語源からわかる意外な事実とは？

陸上競技の長距離離走で、ケニア勢が驚異的な強さを見せる理由は、この国が、平均高度1200メートルの中央アフリカ高原にあることだろう。子どものころから、学校への行き帰りに走れば、それがそのまま「高地トレーニング」になる。薄い空気の下で、幼いころから鍛えられた心肺機能が、長距離離走に強いケニア選手を支えているというわけだ。

このケニアの国には、その中央アフリカ高原を象徴するように、5199メートルのケニア山がそびえている。国名の「ケニア」は、このケニア山に由来する。

一方、首都の「ナイロビ」という名は、そびえるケニア山とは反対に、地下を流れる水に関係している。ナイロビは、もともと、マサイ族が飲み水とする井戸のあるところだった。ナイロビは、マサイ語で「甘い水」を意味し、おいしい飲み水を指していた。

1896年、この井戸周辺に鉄道建設の基地が置かれた。当時、この地を植民地としていたイギリスが、アラブやインドとの交易で古くから栄えていたモンバサという地域と、東アフリカでもっとも繁栄していたウガンダを結ぶウガンダ鉄道の建設を始めたのである。この工事の働き手として、多数のインド人が移住させられ、人口が急速に増えていった。やがて、都市として発展するにつれ、マサイ語の「ナイロビ」という呼び名が、都市名とされたのだった。

ナイロビは、南緯1度にありながら、標高が1700メートルもあるため、気温は年間を通じて20〜25℃と過ごしやすい土地。気候に恵まれていることも、ナイロビに人が集まる理由となった。

1905年、ナイロビにイギリス保護領の首都が置かれ、さらに独立を勝ち取った1963年、正式に首都となった。

現在、ナイロビには、地方から職を求めて出てきた人や、ソマリアなど周辺国からやってきた人たちで、200万人とも300万人ともいわれる人々が暮らしている。

第Ⅱ部

ウラから読むとおもしろい！日本地図帳

❶ 日本地理全般

フォッサ・マグナの「フォッサ」って、どういう意味？

日本列島は、本州の中央付近で東西に〝分断〟されている。といえば、「フォッサ・マグナのことだな」とピンとくる人も多いだろう。では、その「フォッサ・マグナ」とは、どういう意味かご存じだろうか。

日本語では「大地溝帯」と訳されるこの言葉、本来はラテン語で、フォッサは「割れ目」、マグナは「大きな」という意味である。

明治の初めに日本を訪れたドイツの地質学者、エドムント・ナウマンが最初にこの地溝帯を発見し、「フォッサ・マグナ」と命名した。ちなみに、このナウマン博士は、ナウマンゾウの化石を研究したことでも知られている。

日本列島は、5億年前までは海底にあった。

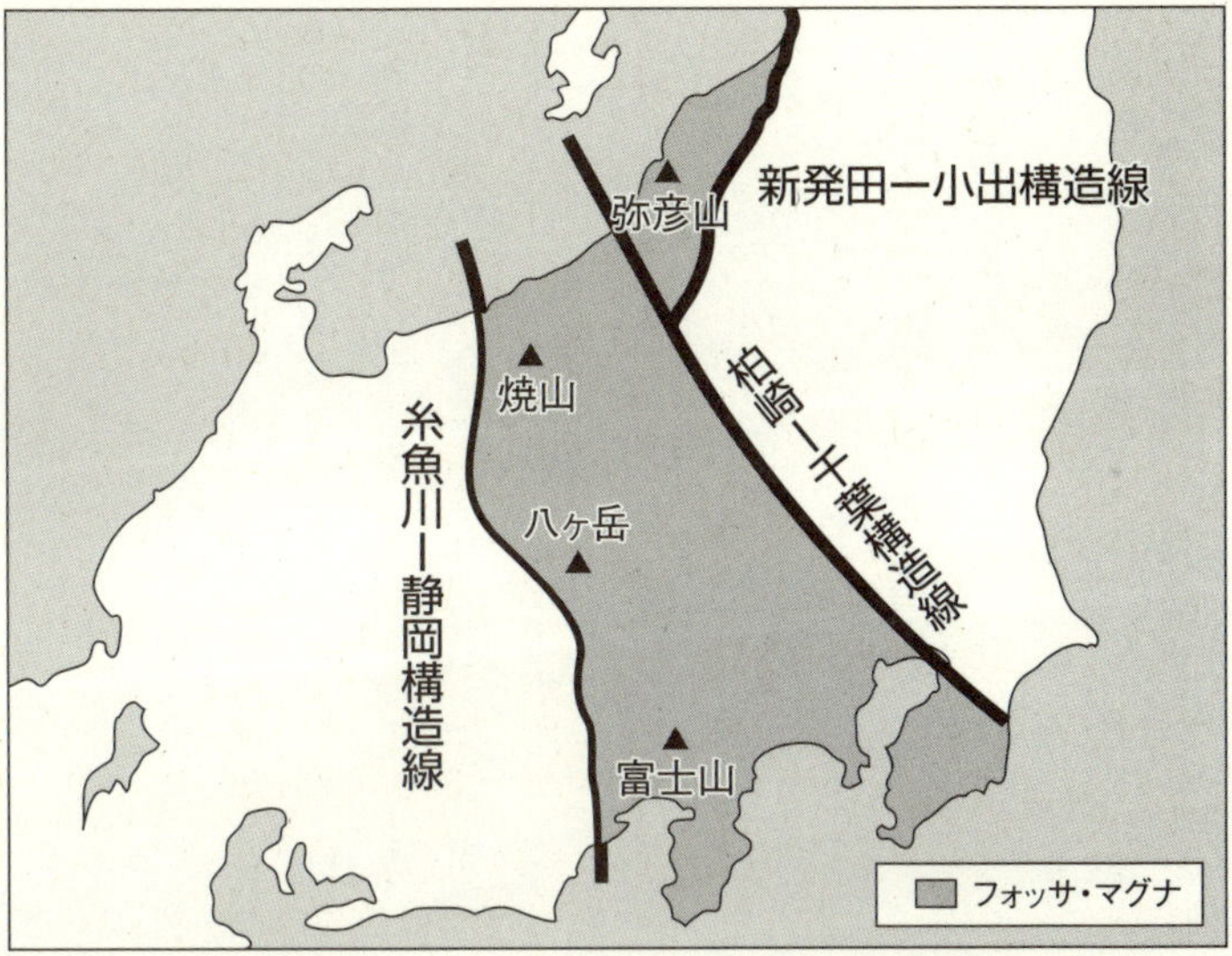

その後、地殻変動によって隆起し、さらに断層運動が繰り返された結果、本州の中央部に巨大な割れ目が生じた。

その割れ目によって生まれたのが、3000メートル級の山々の連なる日本アルプスである。陥没の反動で、その西側が大きく隆起したのである。

一方、陥没した部分は海となり、そこに海底火山の活動などによる溶岩や砂、石などが堆積し、新しい地層を形成したと考えられている。

ちなみに、フォッサ・マグナといえば、糸《いと》魚川《いがわ》から松本、諏訪《すわ》、静岡を結ぶ「糸魚川―静岡構造線」と混同している人が少なくない。だが、厳密にいうと、両者は別物である。フォッサ・マグナは線ではなく「面」を表すもので、その西端が「糸魚川―静岡構造線」となる。

では、東端はどこかというと、「柏崎《かしわざき》―千葉構造線」および「新発田《しばた》―小出《こいで》構造線」となる。ナウマン博士は、新潟の直江津《なおえつ》と神奈川の平塚を結ぶ線と考えていたが、その後、地質調査が進んだ結果、フォッサ・マグナにあたる地域は東へと広がり、幅約100キロ、長さ約300キロにもおよぶ大地溝帯となったのである。

富士山、八ヶ岳、浅間山なども、皆、フォッサ・マグナの上に位置している。

「日本三大美人の湯」って誰が決めた?

日本には「三大美人の湯」と呼ばれる温泉がある。群馬県の川中温泉、和歌山県の龍《りゅう》神《じん》温泉、島根県の湯の川温泉だ。

ただ、並び称されてはいるものの、この三大美人の湯、誰が選定したのか定かではない。

泉質からして、川中温泉は石膏《せっこう》泉、龍神温泉は重曹《じゅうそう》泉、湯の川温泉は単純泉とそれぞれ違っている。

だが、一見まちまちに見える三つの泉質にも、共通する点がある。いずれも弱アルカリ性で、ナトリウムイオンとアルカリイオンを含んでいるということだ。そのため、どの温泉も、湯につかると肌がつるつるになり、しっとりしてくるという特長がある。

また、石膏泉は皮膚のハリを保ち、重曹泉は、皮膚の角質を柔らかくし、保湿効果も高いといわれているので、たしかに美肌効果がありそうだ。

それぞれの温泉地に伝わる伝説を見ると、

龍神温泉は、弘法大師が難陀龍王《なんだりゅうおう》の夢のお告げで開いたといわれ、約1300年の歴史のある名湯だが、艶っぽさには欠ける。川中温泉の場合、そこで働いていた女性の肌つやがよくなったという逸話はあるものの、「美人の湯」というには、ややインパクトが薄い。

その点、島根の湯の川温泉には、まさに美人の湯にふさわしい伝説がある。神話時代、大国主命《おおくにぬしのみこと》と恋に落ちた因幡《いなば》（鳥取県）の国の八上姫《やがみひめ》は、大国主命を追って出雲《いずも》の国まで旅に出るが、その旅はひじょうに厳しいものだった。

憔悴した八上姫が、現在の宍道湖《しんじこ》にあたる「出雲の入り海」を船で進んでいると、少し先に湯気の立つ谷間があることに気づいた。そこが温泉で、その湯につかった八上姫は疲れを癒すだけでなく、さらに美しくなり美人の神になったというのだ。

その温泉こそ湯の川温泉。そんな伝説も手伝って、この温泉は美人の湯として知られるようになった。

東経・北緯あわせて「3」が12も並ぶ場所ってどこ?

東経133度33分33秒、北緯33度33分33秒。経度と緯度を合わせて「3」が12個も並ぶ、あの長嶋さんもビックリの地点が、高知市内にある。正確には、江ノ口川《えのくちがわ》のほぼ中央で、江ノ口川河口にはシンボル塔が建てられ、夜にはライトアップされている。

同じ数字が12個並ぶ場所は、世界的に見ればいくつもあるのだが、海の上という場合が多く、陸上では九カ所しかないという。日本ではもちろんここだけである。

そもそも、この数字に着目したのは、地元高知のロータリークラブ。1962年（昭和37）、「地球33番地」を宣言し、三角測量の三角をモチーフにしたモニュメントを建てた。

高知県は台風被害の多い地域だが、当時、台風情報はラジオに頼っていた。現在のように、天気図上でどこに台風が位置しているかを、テレビで刻々と示してくれるわけではない時代であり、「県民が緯度や経度に親しみをもてば、台風の位置確認に役立つはず」と考えられたのだった。

宣言から30周年の1992年（平成4）には、333万円の予算をかけて購入した333匹の鯉が、3月3日、小学3年3組の生徒33人によって放流されるという、やはり「3」を12個並べたイベントも開催された。

千島海流は、どうして「親潮」と呼ばれるのか？

日本列島の太平洋側を北から南へ流れる寒流は、「千島《ちしま》海流」と名づけられている。千島列島のほうから北海道東部沖、東日本沖へと流れてくるため、そうネーミングされたのだが、一般には「親潮」と呼ぶほうがなじみ深い。「親潮」という名は、もともと漁師の間から生まれ、とりわけ北海道の人々の間で親しまれてきた呼び名である。

親潮は、酸素や栄養分が豊富で、プランクトンや海藻がよく育つ。プランクトンが多ければ、それを食べる魚もよく育つし、種類も多くなって、漁師にとっては絶好の漁場となる。そこで、たくさんの魚を育ててくれる潮

の流れということから、「親潮」と呼ばれるようになった。

一方、太平洋岸を北上する暖流の「日本海流」は、通称「黒潮」と呼ばれている。これは、動物プランクトンが多く、この海流が流れているところは、海水が黒っぽく見えるところから、そう呼ばれるようになった。

これに対して、植物プランクトンの多い親潮は、海水が緑がかって見える。

ＪＲ京浜東北線沿線に貝塚が多い理由は？

川崎から東京駅、さらに上野、王子へと続くＪＲ京浜東北線の沿線は、貝塚のメッカである。有名な大森貝塚もこの路線沿いにあるし、北区の西ヶ原貝塚、中里貝塚もやはりこの沿線にある。

　貝塚はとくに路線の西側に多いが、これは京浜東北線の沿線あたりが、縄文時代にはちょうど海岸線だったから。つまり、京浜東北線の東側は海なので、西側の陸地（当時）に貝塚が残ることになったのだ。

　日本列島周辺では、縄文時代に海水面が上昇し、現在は陸地の部分も一部は水没していた。縄文時代前期（今から6000年ぐらい前）には、京浜東北線あたりに海岸線があったと推定されるのだ。

　縄文人たちは、京浜東北線の西側の丘陵地帯に住み、東京湾の貝類を採取して食べ、その貝殻を生活圏の周域に集めて捨てた。これが堆積して、後世、貝塚と呼ばれるようになったのである。

　その後、縄文時代後半になると、海水面が下がり始めた。海岸線は京浜東北線沿線から遠のき、縄文人の生活ゾーンも変化していった。

どうして関東地方には赤土の地層が広がっているの？

　関東地方の土壌が、他の地域と違うのは、赤土の地層が大きく広がっていることだ。この赤土の地層は「関東ローム層」と呼ばれ、関東の台地や丘陵部を覆いつくしている。

　東京の場合、山の手の台地一帯は関東ローム層に覆われている。一方、沖積《ちゅうせき》平野の下町にはローム層はない。繰り返される河川の氾濫によって、ローム層は堆積することなく海に流され、その後、川が運んでくる土砂の堆積で形成された土地だからだ。

関東ローム層の正体は何かというと、富士山や箱根山の火山灰。洪積世《こうせきせい》以来、富士山と箱根山は何度も大噴火し、多量の火山灰を空に噴き上げてきた。その火山灰は偏西風に乗って、東の関東一帯に飛来し、堆積してきたのである。

関東ローム層は、形成された年代によって区別されている。古いほうから、多摩ローム層、下末吉ローム層、武蔵野ローム層、立川ローム層となる。多摩ローム層は、おもに65万〜25万年前ぐらいの箱根火山の活動で噴出した火山灰。下末吉ローム層までは、25万〜13万年前の箱根火山の活動によるもの。そして、武蔵野ローム層や立川ローム層は、主に富士山の活動で形成されたものである。

こうして堆積した火山灰には鉄分が含まれていた。鉄分は長い時間をかけて酸化し、赤みを帯びていく。だから、関東ローム層は赤土となったのである。

また、火山灰自体は、風化によって粘土質となった。これは、作物の栽培には向かないものの強度は強く、建物の地盤には向いた地層といえる。

「十国峠」の「十国」ってどこのこと？

富士山の見える名所の一つに、静岡県の熱海市と函南《かんなみ》町にまたがる十国《じっこく》峠がある。箱根火山の南斜面に位置し、ケーブルカーで登ることができる。

十国峠の頂上からは３６０度のパノラマが開け、見晴らしはすばらしい。条件がそろえば、大島、三宅島といった伊豆諸島までも見渡せるほどだ。

「十国峠」という地名も、10の国を見渡せるくらい見晴らしがいい場所ということで名づけられた。

その昔は、火が峰、あるいは日が峰と呼ばれていたが、いつしか日金山《ひがねさん》という名になっていた。その後、見晴らしのよさから、十国峠と呼ばれるようになったのだ。

この「十国」とは、旧国名で相模《さがみ》（神奈川県）、武蔵《むさし》（東京都、埼玉県、神奈川県）、下総《しもうさ》（千葉県、茨城県）、上総《かずさ》（千葉県）、安房《あわ》（千葉県）、信濃《しなの》（長野県）、甲斐《かい》（山梨県）、駿河《するが》（静岡県）、遠江《とおとうみ》（静岡県）、伊豆（静岡県）を指す。

信濃ではなく、常陸《ひたち》（茨城県）という説もあるが、どちらが正しいか定かではないくらい、多くの国を見渡せる峠なのだ。

日本百名山に選ばれた山が一番多い県は？

「日本百名山」が選ばれたのは、東京オリンピックの開かれた1964年（昭和39）。といっても、観光客目当ての宣伝を目的としたものではなかった。登山家の深田久弥《きゅうや》が、自ら登った山の中から、名山と呼ぶにふさわしい山を選び、『日本百名山』という本で紹介したのである。

現在でも、登山愛好家の中には、深田の紹介した〝百名山〟の制覇を目標にしている人が少なくない。

では、その「百名山」に選ばれた山が、もっとも多い県はどこかおわかりだろうか？

答えは長野県。白馬岳《しろうまだけ》や槍ヶ岳、穂高岳《ほだかだけ》、

木曽駒ヶ岳、霧ヶ峰など、実に30もの山が、県内か県境に位置している。

これは、選者がとりわけ〝長野ビイキ〟だったからではない。深田は、選んだ基準について、次の三点をあげている。

一つは山の品格。「近寄りがたい厳しさがあり、強さと美しさを兼ね備えた人の心を打つものがある山」。

二つめは山の歴史。「古くから開かれ、仰ぎ見られ敬われるような存在の山」。

三つめが山の個性。「その姿や自然の景観、伝統から個性豊かな山」。

これらの基準を満たした山が、日本アルプスを擁する長野県には多かったのだ。そして、深田の選定に納得する人が多いからこそ、40年以上たった今でも「日本百名山」として親しまれている。

なぜ群馬県には〝ギザギザ〟の山が多いのか？

群馬県西部には、奇岩で知られる妙義山《みょうぎさん》がある。妙義山は、白雲山《はくうん》、金洞山《こんどう》、金鶏山《きんけい》からなるが、いずれもその稜線はまるでのこぎりの刃のように切り立っている。妙義山のほかにも、この一帯には荒船山《あらふねやま》など、ギザギザの稜線をもつ岩山が数多くある。

これは、かつてこの一帯が、一つの大きな火山だったから。現在見られるギザギザの岩山は、その火山の一部なのだ。

このあたりにあった火山は、妙義山の北東にある標高1449メートルの榛名山《はるな》ほどの大きさだったと見られる。その後、この地域では激しい地殻変動が起きた。どれくらい激しい地殻変動だったかといえば、妙義山を構成する金鶏山が横倒しになるほどだ。

この地殻変動による陥没によって、大きな断層が至るところで生まれた。断層の両側はそれぞれ違う動きをし、それが、現在の険しい岩肌となって残ることになったのだ。

さらに、陥没地帯では、地下からマグマが噴出し、これが火山岩となって岩山を形成する。それが風化し浸食され、妙義山特有の奇岩を生み出すことになったのである。

四国に火山がないというのは本当か？

「四国に火山はない」というのが常識となっている。しかし、厳密にいえば、その表現は正確ではない。現在、噴煙を上げているような火山はないものの、愛媛県の石鎚山《いしづち》や香川県の小豆島《しょうどしま》、琴平山《ことひらさん》などは旧火山である。ただし、ここ数百万年の間は、四国では火山活動は起きていない。

一般に、火山は、地下深くにあるマントルから、高温のマグマが上昇してくることによって噴火を起こす。ところが、四国の地下にあるマントルは、温度が低いため、岩石を溶かすことができない。したがって、マグマが発生せず、火山活動が起きないのだ。

1500万年前ごろまでは、マントルが現代よりも高温だったため、四国でも盛んに火山活動が起きていたが、その後、地殻変動などによって、四国の地下にあるマントルは温度が低下。結果、火山活動もなくなったと考えられている。その状態がここ数百万年の間続いており、将来的にも、われわれが生きているうちには、四国の旧火山が噴火することもないというのが、専門家の見解である。

富士山の「表」と「裏」はどうやって決めた？

日本一の山である富士山には、「表」と「裏」がある。静岡県側から見る富士を「表富士」、山梨県側から見る富士を「裏富士」と呼ぶのだ。

富士山に登るには、富士宮口《ふじのみやぐち》、御殿場口《ごてんばぐち》、河口湖口などいくつかのルートがある。表富士側の富士宮と、裏富士側の富士五湖周辺を比べると、華やかでにぎわいがあるのは富士五湖のほう。富士五湖は富士山周辺最大の観光名所であり、河口湖口や吉田口からの富士登山道は、もっともポピュラーなルートでもある。富士への表玄関という意味で考えれば、こちらを表富士と呼んでもよさそうだ。

ところがそうならないのは、こういう場合の裏と表は、北か南かで決まるから。

かつて、日本列島の太平洋側を「表日本」、日本海側を「裏日本」と分けて呼ぶことがあったが、その場合も裏日本は、山陰から北陸、新潟あたりまでの北側を指し、表日本は関東から近畿にかけての南側部分を意味した。

同様に、富士山も、北側となる富士五湖一帯が裏富士となり、南側となる箱根や御殿場が表富士となる。

奈良に全国の地名が集まっているのはなぜ？

奈良盆地にある大和《やまと》郡山《こおりやま》市には「伊豆七

条町」「丹後庄町《たんごのしょう》」「美濃庄町《みのしょう》」という地名がある。また、天理市には「備前町《びぜん》」「武蔵町」といった地名があり、桜井市には「出雲」や「吉備《きび》」という地名があって、斑鳩町《いかるが》にも「阿波《あわ》」という地名が存在する。

このように、奈良盆地には、旧国名をはじめ、全国各地の地名があふれている。それはかつて大和朝廷の支配が全国におよんでいたことの証拠といえる。

飛鳥時代から奈良時代にかけて、つまりこの地域が政治の中心地であった時代には、宮殿、豪族の館、法隆寺や東大寺、興福寺といった大寺院など、数多くの大建築が行われていた。動力のなかった時代に、大きな建物を建立するのは非常に困難なことであり、多くの労働力を必要とした。奈良盆地に住んでいる人だけではとても人数が足らず、朝廷や豪族は諸国に命じて労働力をかき集めた。

そして、全国各地から多数の人々が移住。彼らが集団で住んだ場所に、全国各地の地名が残ることになったのだ。

県より広い市があるって本当?

全国に約3200余りあった市町村を一気に減らそうという「平成の大合併」。これによって、新たな市や町がつぎつぎと誕生したが、その中に面積では、香川県や大阪府よりも広い市が誕生した。

面積が広いといえば、北海道を思い浮かべる人が多いだろうが、今回はそうではない。実は、北海道にも、釧路《くしろ》市を中心にした大合併構想があったのだが、あまりに広くなりす

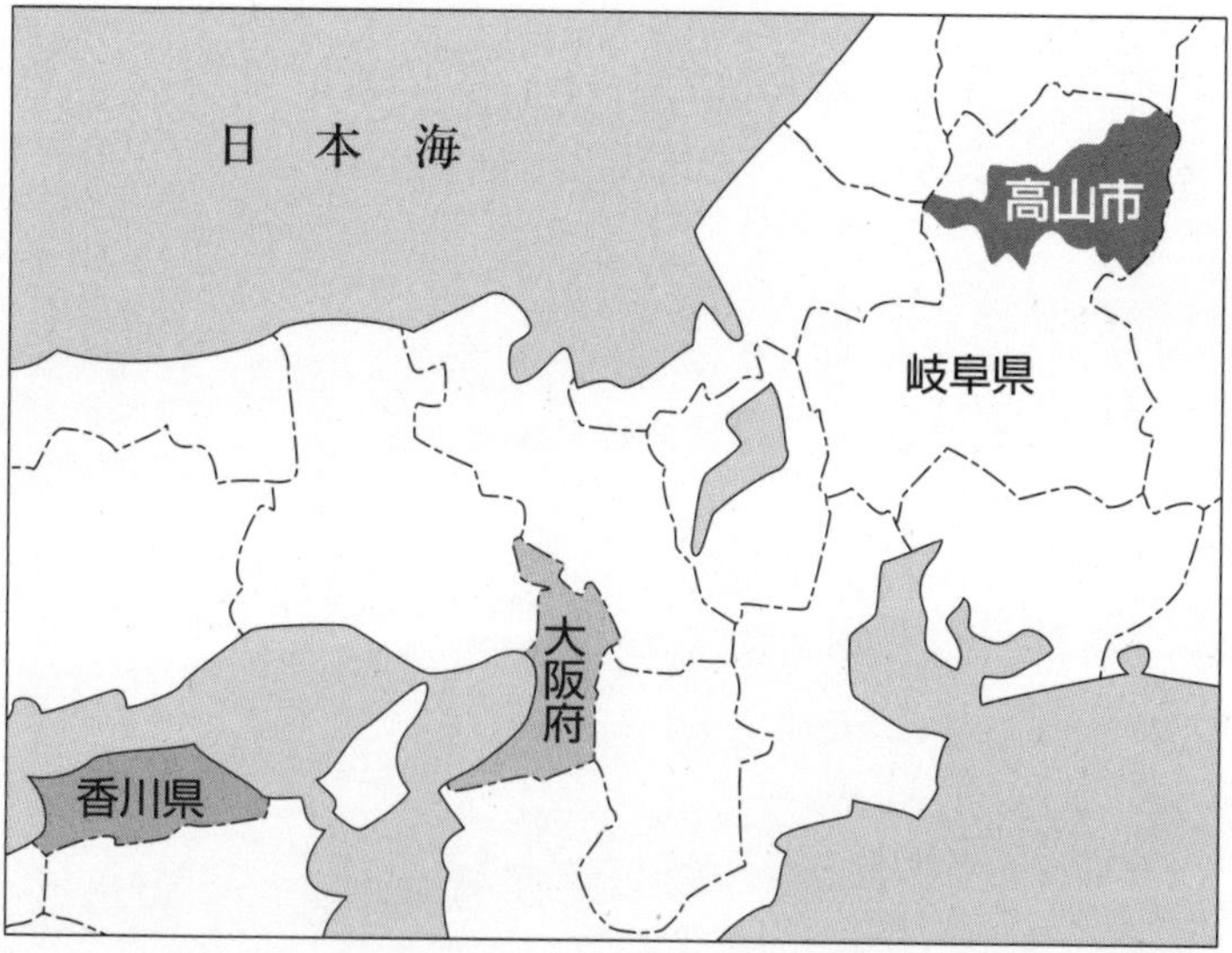

ぎて、行政サービスが低下するのではないかと懸念され、見送られた。その代わり、面積日本一となったのが、「飛騨《ひだ》の小京都」といわれる岐阜県高山市である。

２００５年２月、高山市は、近隣の国府《こくふ》、久々野《くぐの》の二町と、上宝《かみたから》、丹生川《にゅうかわ》、高根《たかね》、朝日、宮、荘川《しょうかわ》、清見《きよみ》の七村とを合併。総面積２１７７平方キロと、それまでの15倍以上の広さとなった。その結果、１８７６平方キロの香川県、１８９４平方キロの大阪府よりも広く、ほぼ東京都と匹敵する広い市になった。

といっても、人口は約９万７０００人で、市の面積のうち、約92％は山林で占められている。また、東は長野県、北は富山県、西は福井県と石川県に接しており、一つの市で四つの県との境界を持つのは、この高山市だけである。

東海道本線の終点はなぜ神戸駅なのか？

東海道本線の起点は東京駅だが、では、終点はどこかご存じだろうか。

と問えば、「大阪駅」と答える人が多いかもしれない。しかし、正しくは東海道本線とは「東京－神戸間」（全長589・5キロメートル）をいう。神戸駅が東海道本線の終点であり、山陽本線の起点になる。

といえば、関西の人にも「ホンマ？」と首をかしげる人もいるだろう。実際、神戸駅を始発・終着とする列車は、早朝と深夜に少しあるだけで、ほとんどの列車は走り抜けてしまう。神戸の西にある西明石駅を始発・終着とする列車のほうがはるかに多い。

しかも、国鉄がJRになってからは、大阪－姫路間を「JR神戸線」と呼ぶことが多くなり、神戸駅を東海道本線の終点と実感できる機会は、ますます減っている。

そもそも、東海道本線のうち、大阪－神戸間が開業したのは、1874年（明治7）のこと。国が建設した官鉄線として開通した。

一方、山陽本線は、遅れること14年、1888年（明治21）に、神戸駅の西隣の兵庫駅と明石駅間で開通したが、こちらは私鉄の山陽鉄道としてだった。翌年、官鉄の神戸駅へも乗り入れたが、神戸以西の経営は、あくまで山陽鉄道の管轄だった。

1906年（明治39）、国は山陽鉄道を買収、その路線も官鉄となる。こういう過去の経緯から、神戸駅が東海道本線と山陽本線の境界になったというわけだ。

日本三景はどうやって決まったの？

日本三景とは、よく知られるように、宮城県の松島、京都府の天橋立《あまのはしだて》、広島県の宮島をいう。では、この日本三景は、どのように選ばれたか、ご存じだろうか。

これは、江戸初期、儒学者として有名な林羅山《はやしらざん》の息子の林春斎《しゅんさい》という人物によって選ばれたもの。

春斎は、心の休まる場所を求めて、全国の名所旧跡を歩き回った人物。そんな中、彼がもっとも気に入った風景は、松島、天橋立、宮島の三カ所だった。そして、１６４３年（寛永20）、『日本国事跡考』という書を著し、「三処の奇観」として紹介し、「日本の中で最も勝れたる景色」と誉めあげた。そこから、この三景は観光名所として知られるようになり、江戸時代後半、旅行者が増えるとともに人気スポットとなっていった。

日本三景といえば、役所が制定したか、松尾芭蕉《ばしょう》が絶賛した名勝地かと思う人もいるだろうが、意外にも、現代ではあまり知られていない学者が一人で選んだ名勝地なのだ。

七里ケ浜と二里ケ浜では、どっちが長い？

神奈川県鎌倉市には「七里ケ浜」という名の海岸がある。江の島や伊豆半島、富士山も見える風光のいい土地で、稲村ヶ崎から小動岬《こゆるぎ》に至る海岸線が7里あるため、その名が付いたといわれる。

ただし、七里ケ浜の海岸線を実際に測ってみると、2・9キロほどしかない。1里が約4キロと考えると、7里なら28キロになるはずだ。2・9キロというのは短い。

一方、和歌山市には「二里ケ浜」という海岸がある。こちらは約8キロで、ちゃんと2里に相当する。また「七里」のつく浜として、三重県南部には七里御浜《みはま》、青森県西部には七里長浜があるが、前者は約25キロ、後者は約28キロなので、いずれも「七里」にふさわしい長さをもつ海岸である。

ということは、鎌倉の七里ケ浜だけ、その名に偽りあり、ということになりそうだが、歴史的に見ると、この名も決して〝誇大表示〟ではないことがわかる。

今では「1里＝約4キロ」というのが常識になっているが、これは豊臣秀吉の時代に定められ、江戸時代に受け継がれたもの。それ以前は、地方によっても時代によっても、1里の長さはバラバラだったのである。

鎌倉の七里ケ浜の場合、関東道の距離の測り方が採用されている。この測り方では、6町で1里となる。1町は約109メートルだから、1里は約0・65キロ。これなら、7里でも4・55キロにしかならない。

今は2・9キロしかない七里ケ浜の海岸線も、かつては4キロ以上あったとみられている。だから、七里ケ浜という名は、当時の地形と単位からすれば、正直な〝表示〟だったというわけだ。

日本で一番長い駅名は？

全国には一万近くの鉄道の駅があるが、その中でもっとも長い名前の駅は、島根県松江市にある。一畑《いちばた》電鉄北松江線の「ルイス・C・ティファニー庭園美術館前駅」である。２００１年4月、「古江駅」から改称され、日本一長い駅名となった。「・」も勘定に入れると19文字になる。

「ティファニー」といえば、映画『ティファニーで朝食を』や、女性に大人気の宝飾店を思い浮かべる人が多いだろうが、このルイス・C・ティファニーとは、まさしくニューヨーク五番街にある超有名店「ティファニー」の創業者のこと。１８３７年、友人とともに、ニューヨークのブロードウエーに雑貨屋を開業し、諸国の王室御用達の超有名ジュエリー・ショップにまで育てた人である。

彼の創作活動は多岐にわたり、アート・ジュエリーのほかにも、ガラス芸術や陶器など12の分野におよんでいる。日本の工芸品にも大きな影響を受け、19世紀末、西洋芸術界を席巻したアール・ヌーヴォーの美を極めた巨匠の一人としても有名である。

そのルイス・C・ティファニーの作品を集めた美術館が、２００１年、松江に開館。それに合わせて、駅名も改められたというわけである。ただし、日本一長い駅名になったものの、正式名称が長すぎるため、車内放送や地元の人には「庭園美術館前駅」と呼ばれている。

なお、この駅の誕生以前は、熊本県の南阿蘇鉄道にある「南阿蘇水の生まれる里白水《はくすい》高原駅」というのがもっとも長い駅名だった。

反対に、日本でいちばん短い駅名は、三重県の「津」駅である。

❷北海道・東北地方

気温が氷点下でも凍らない洞爺湖の謎とは?

冬でも凍らない〝不凍湖〟として知られる北海道の洞爺《とうや》湖と支笏《しこつ》湖。

北海道の湖のほとんどは、冬になると表面が凍り、スケートやわかさぎ釣りを楽しめる。ところが、洞爺湖と支笏湖の両湖は冬でも凍ることはなく、〝寒中ダイビング〟すら行われている。

寒い北海道にありながら、この二つの湖が凍らないのは、火山性のカルデラ湖だから。

火山性のカルデラ湖は、火山噴火などによって陥没したり、崩壊したところに生じた窪地に、水がたまってできた湖。といえば、地底のマグマの熱で温められることが、不凍湖の理由と思う人もいるかもしれないが、両湖の場合は違う。カルデラ湖特有の水深の深さが影響している。

支笏湖の最大深度は360・1メートル。北海道の湖ではもっとも深く、日本の中でも、田沢湖（最大深度423・4メートル）に次いで、第2位である。

一方、洞爺湖の最大深度は179・7メートルで、北海道では第3位の深さ。ちなみに第2位は摩周湖の211・4メートルだ。

深い湖では、その湖底に、水の比重がいちばん重くなる4℃前後の水がたまっている。秋も深まり、表面の水が冷やされて、水温が4℃になると、比重を増した水は沈んでいく。それによって、湖底の水は押し上げられ、冬の間も、表層の水と湖面の水はゆっくり循環している。

さらに、流入する主要河川を持たないので、プランクトンが育たず、生物による汚染が少ないため、表層の水と湖底の水はスムーズに循環する。

それで、冬でも、水面下で水が絶えず動いていて、凍りにくいのである。

なお、洞爺湖より深い摩周湖が凍結するのは、この二つの湖よりも北にあること、面積が5分の1程度と小さいことなどの条件が関係している。それでも、深さがあるため、凍る時期は遅く、暖冬の年には凍らないこともある。

オホーツク海沿岸にたくさんの湖が並んでいるワケは？

北海道の地図で、知床半島北側のオホーツク海沿岸を見ると、北からコムケ湖、サロマ湖、能取湖《のとろ》、網走湖《あばしり》、藻琴湖《もこと》、濤沸湖《とうふつ》、濤釣《とうつる》沼《とう》と、いくつもの湖沼が並んでいるのがわかる。

もちろん、これらの湖沼地帯は長い年月をかけてできあがったもの。少なくとも一万年前にはさかのぼると見られる。

今から一万年前というと、氷河期の終わりにあたる。世界じゅうで氷河が溶けて、オホーツク海の海面も、今より上昇していた。そのため、海水が陸地へ侵入し、沿岸には入り江ができた。

やがて、川の流れや海の波によって入り江に堆積物が運ばれて州《す》ができ、入り江の入口が閉じられていった。

その結果、海に面してたくさんの湖沼が連なるような地形ができたというわけである。こういう湖を「海跡湖《かいせきこ》」という。

やはり、海のそばにある、島根県の宍道湖や、秋田県の八郎潟なども海跡湖である。

日本には、面積が0・01平方キロ以上の湖が約480あるが、そのうち海跡湖は約100個ほど。そして、その約3分の1がオホーツク沿岸にある。

サロマ湖周辺のほか、少し北に離れているクッチャロ湖、根室市近くの風蓮湖《ふうれん》、温根沼《おんね》なども、海跡湖だ。

ちなみに、こうした地形変化によって、棲息する貝の種類が変わってきたことも、調査によって明らかになっている。

たとえば、網走湖では、入り江だったころにはアサリが棲んでいたが、その入口が閉じられるとカキが増えていった。やがて、陸地の隆起によって、淡水と海水が混じり合うとシジミの天下となり、完全に淡水化した現在

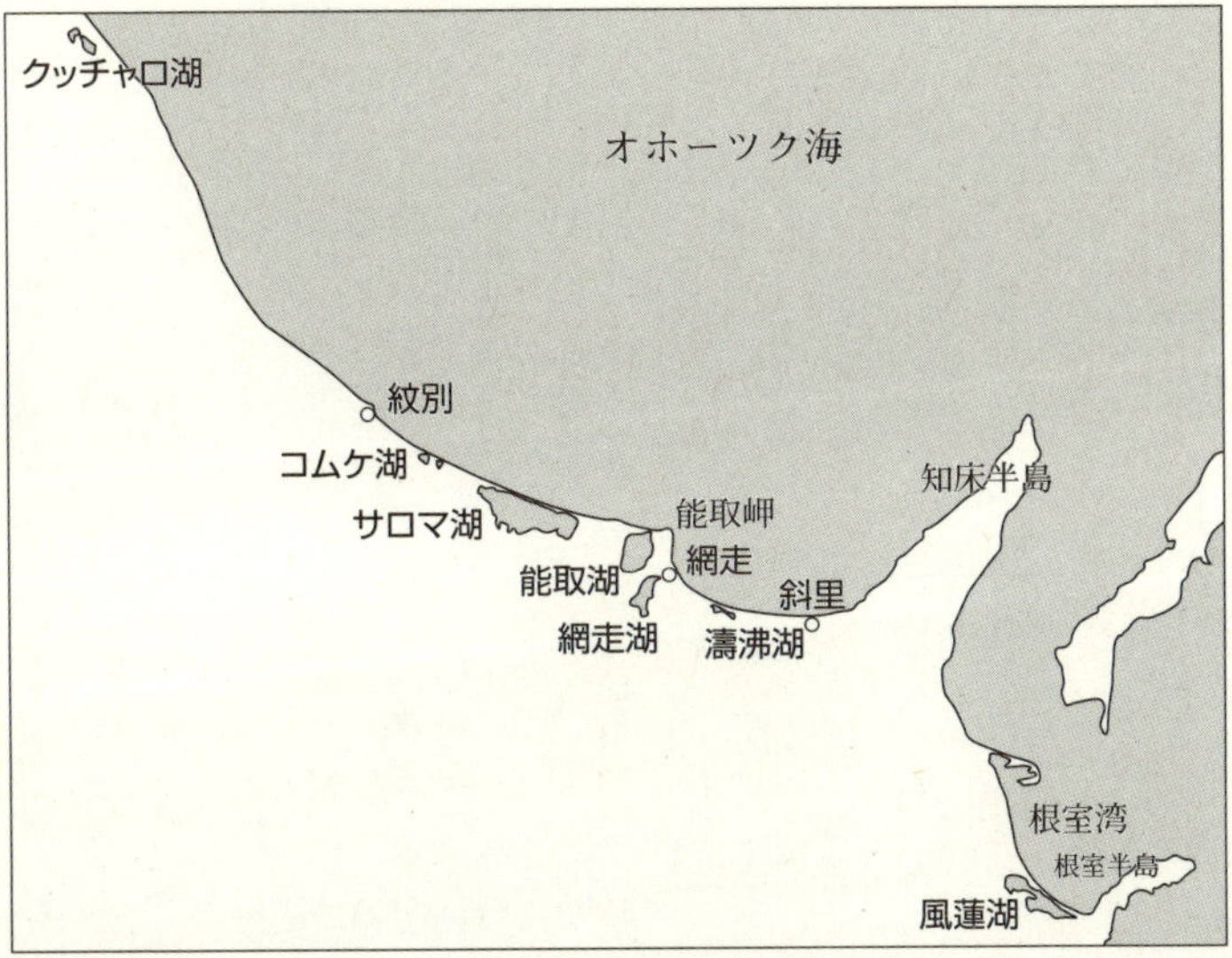

では、ヌマガイが棲んでいる。

どうして三陸海岸には津波が多いのか?

三陸海岸の港町を訪ねると、津波による犠牲者の慰霊碑や供養塔をよく見かける。

事実、1896年（明治29）6月15日、明治三陸地震による大津波では、約2万2000人の死者を出している。このときは、地震の揺れはさほどでもなかったにもかかわらず、津波の高さは最大で38・2メートルにも達したという。

また、1933年（昭和8）3月3日の昭和三陸地震でも、津波が起こり、死者・行方不明者合わせて約3000人もの被害者が出ている。

さらに、1960年（昭和35）5月には、チリ西岸で大地震が発生した22時間後、予想もしなかった津波が三陸海岸を直撃。死者・行方不明者142人、全壊家屋465戸、浸水家屋2万1000戸の被害を出した。

このほかにも何度も津波に見舞われていて、三陸海岸は津波の多いところとして世界的に知られている。

その原因は、太平洋の海底で地震がよく起きることもあるが、それ以上に、三陸海岸の複雑なリアス式地形が関係している。

海底火山の爆発や地殻変動によって起こる津波は、湾内に到着すると、波が急激に高くなることが多い。

これは、湾の奥にぶつかって戻ってくる波の周期と、あとからやってきた波の周期が一致し、共振現象を起こすため。

リアス式の三陸海岸は、この共振現象が起きやすいうえに、湾の奥へ行くほど幅が狭くなっている。そのため、湾に入ってきた波がひとところに集中し、大津波になりやすいというわけである。

しかも、沿岸の背後が丘陵地帯のため、波がせき止められる形で高さが増すこと、逃げ場がかぎられていることも、大きな被害の原因になってきた。

現在では、三陸海岸の至るところに防潮堤が築かれ、津波を防ぐとともに、高所への避難訓練が頻繁に行われている。

北海道に〝四角い太陽〟が出現するのはなぜ？

太陽は丸い――そんな常識をくつがえすよ

うな奇妙な現象が、厳冬の北海道で起きることがある。

太陽が四角に見えたり、ひょうたん形やワイングラスのような形に見えるのだ。

といっても、オホーツク沿岸に行けば、いつでも見られるわけではない。四角やワイングラスのような太陽が出現するには、地表の温度がマイナス20℃以下になること、上空に暖かい空気があること、太陽が低い位置にあること、この三つの条件が必須。年に数回見られるかどうかの稀な自然現象だ。

では、四角い太陽が見えるカラクリは？　というと、地表が冷気で覆われると、上空との温度差によって空気の層ができ、その層を通った日の光が屈折する。すると、蜃気楼《しんきろう》のような現象が起き、太陽の形がゆがんで見えるのである。

そのさい、太陽が低い位置にあるほど、光が大気層に浅い角度で入ってくるため、屈折が起こりやすくなる。そのぶん四角い太陽が現れやすくなるというわけだ。

四角い太陽を見ることができる場所としては、北海道の道東、野付《のつけ》半島付近の白鳥台や尾岱沼《おだいとう》、中標津《なかしべつ》町の開陽台、紋別《もんべつ》などが知られている。

これらの地域は、いずれも厳冬期に晴れた日が多い場所で、放射冷却現象が起きやすい。放射冷却は、地表の暖かい空気や熱が、夜のあいだに上空に上がり、地表が冷やされる現象であり、四角い太陽が出現する条件とぴったり重なり合う。

さらに、海から上がる太陽が見える場所なので、低い位置の太陽を目のあたりにすることができるのである。

東北地方に「狼」のつく地名が多いのは?

東北地方には、「狼」という字がつく地名が数多くある。

たとえば、青森県では弘前市の「狼森《おいのもり》」、上北郡の「狼《おい》ノ沢《さわ》」。岩手県花巻市の「狼沢《おおかみさわ》」、宮城県加美町の「狼塚《おいのつか》」、秋田県仙北郡の「狼沢《おいのざわ》」などで、東北地方だけでも60カ所以上ある。

これらの地域は、かつて狼が棲息し、人々は信仰の対象にしてきた。地域によっては、今も狼の神を祀る祠《ほこら》が残されている。狼は、田畑を荒らすイノシシやシカ、サルなどを駆逐してくれるところから、農家では田畑を守ってくれる神として信仰の対象にしてきたのだ。

そういう地域では、狼のことを「御犬」と呼んでいたため、地名の「狼」も「おいぬ」や「おい」と読むケースが多くなっている。

もっとも、江戸時代に、牧場で馬や牛を飼うようになると、馬や牛を襲う狼は、一転、駆除の対象となる。大規模な狼狩りが行われるなど、敵対視されるようになり、明治時代になって狼は絶滅するが、地名としては現在にいたるまで残っているというわけである。

オホーツク海の流氷はどこからやってくるのか?

オホーツク海に面した網走や紋別では、12月中旬になると、漁師たちが漁船を陸に揚げてしまう。新年早々にもやって来る流氷で、

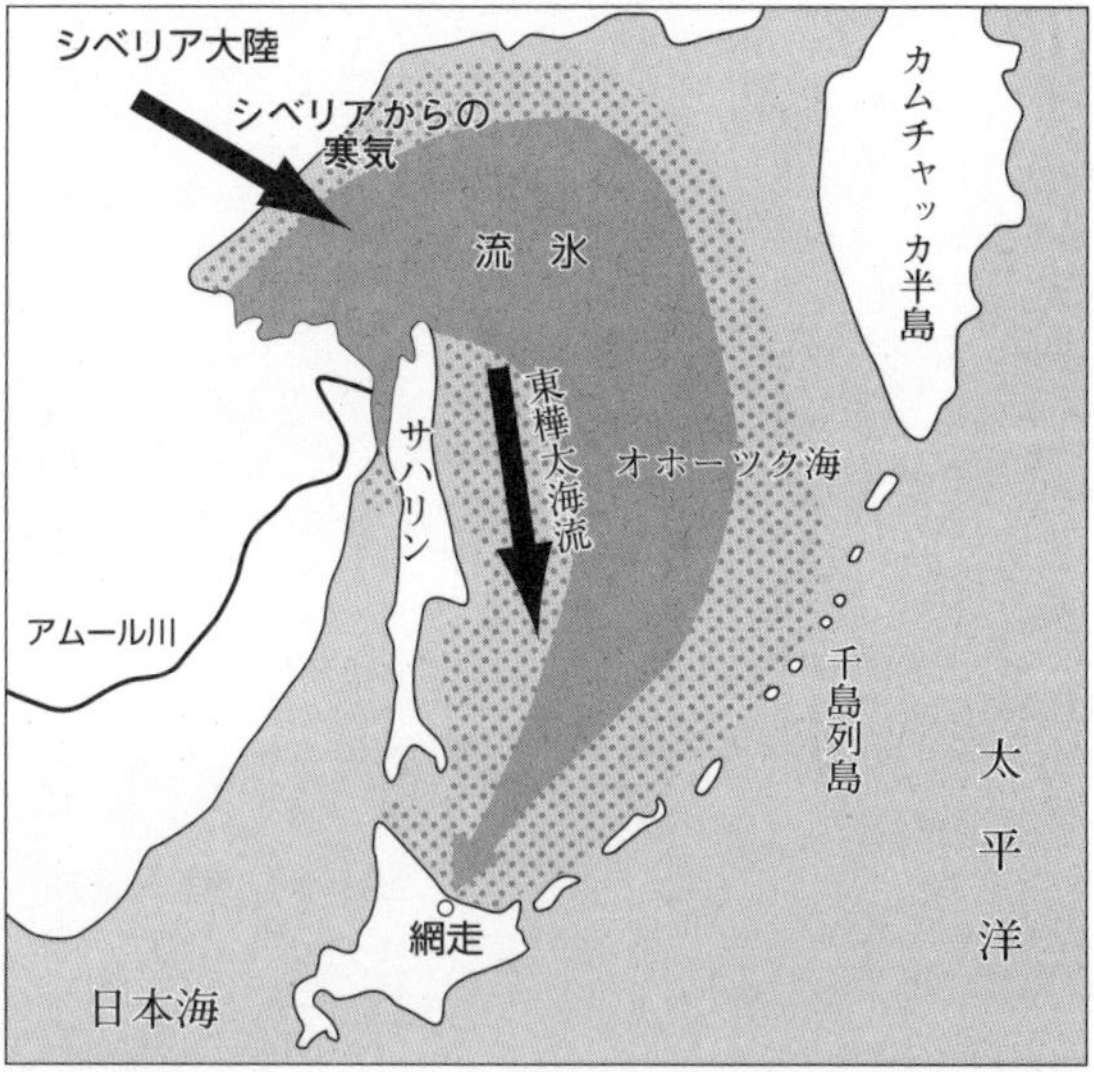

傷つけられるのを防ぐためである。
流氷がやって来ると、沖合い数キロまで氷の海となり、町全体が冷蔵庫にでも入っているかのように、冷え冷えとしてくる。その一方で、この時期には、流氷祭や砕氷船による流氷観光が行われ、流氷は観光客を引き寄せる観光の目玉ともなっている。
そもそも、流氷は、はるか沖合で海水が凍りついたもの。海水は、零下2℃まで冷えたときに凍り、それが氷の塊となって、季節風や海流に乗って南下してくる。
ただし、ロシアのアムール川河口付近では、もっと〝高温〟でも海水が凍りつく。川の水が海に流入し、海水の塩分の濃度が低くなっているためだ。塩分濃度が低くなるほど、凍る温度は0℃に近づき、河口付近の海水ほど凍りやすくなる。このアムール川の河川付近の氷が、風と海流に運ばれて流氷として、北海道の沿岸まで南下してくるのである。北海道のオホーツク海沿岸が、北半球で流氷が見られる南限となっているのも、アムール川があるからである。

1月になると、はるか沖合から流れてきた大小無数の氷の塊が漂い、接岸と離岸を繰り返す。やがて、その氷の塊が合体し合って氷原となり、沖合い数キロにもおよぶ氷の海となるのである。

襟裳岬から伸びる道路はなぜ「黄金道路」と呼ばれるの？

吉田拓郎作曲の『襟裳岬《えりもみさき》』を森進一が歌って大ヒットしたのは、1974年（昭和49）のこと。おかげで、〝何もない春〟とうたわれた襟裳岬にも、多くの観光客が訪れるようになった。

その襟裳岬から広尾に至る31・7キロの海岸道が、通称「黄金道路」（正式名は国道336号）である。

といえば、この「黄金道路」という名前、観光客目当てのネーミングと思う人もいるだろうが、開通したのは『襟裳岬』の大ヒットから40年も前の1934年（昭和9）のこと。しかも、当初から「黄金道路」の名で呼ばれていた。

実は、難工事が重なって、「道路に黄金を敷き詰めるぐらいの建設費がかかった」というのが、この通称の由来である。

そもそも、襟裳岬は、北海道の屋根といわれる日高山脈が、太平洋に尽きるところに位置する。そのため、海岸のそばまで山が迫り、クルマで走ってみると、断崖絶壁とトンネルの繰り返しで、海と山の間になんとか道路を通したというのがよくわかる。

しかも、建設されたのが昭和の初めとあって、まだ重機類はほとんど使われず、工事は困難を極めて、21人の犠牲者まで出した。

今でも、この黄金道路は、波が高い日には道路にまで波が打ちつけて、通行止めとなる。また、雪崩や落石で通行止めになる日も少なくない。

十勝地方がワインの名産地になったのは？

本場のフランスを筆頭に、イタリア、ドイツ、カリフォルニア、オーストラリア、チリと、今や外国産ワインは数多くの国々から輸入されている。しかし、こうした輸入ワインに対抗して、根強い人気を誇っているのが、北海道池田町の十勝《とかち》ワインである。

1961年にブドウの栽培から始めた〝新参者〟にもかかわらず、その後、ルーマニアやハンガリーなどで、数々の賞を受賞。70年代初めには、ヨーロッパ・ワインにも負けないほど、質の高いワインを完成させた。十勝の池田町が、これほど短期間にワインの名産地になったのは、丸谷金保《まるたにかねやす》という町長の存在が大きかった。

もともと池田町は冷害がひどく、当時、過疎化の一方をたどっていた。とくに、1952年（昭和27）には十勝沖地震に見舞われ、しかも、その後2年間にわたって凶作が続く。町の財政はいよいよ悪化し、住民には札幌などほかの都市へ出ていく家族が目立ち始めた。そんな町をなんとか活性化させたいと、町民の先頭に立ってワインづくりに取り組んだのが丸谷町長だった。

丸谷町長のモットーは「企業感覚をもて」「1人で2人分の仕事をこなせ」「若い奴と議論しろ」「徹底的に調査をしろ」「通念には根拠がない。冒険心をもて」。

その町長のリーダーシップのもと、町役場と町民が一体となって、海外視察や、寒冷地でも育つブドウの品種開発などの試行錯誤を繰り返し、10年足らずで、世界に誇れるワインづくりに成功したのだった。

現在、池田町の丘陵地には、北欧の城郭を模した美しい町営工場が建てられている。地下がワイン貯蔵庫、一階が工場、二階が研究室と事務所となっていて、三階はレストラン。ここで十勝ワインと料理を楽しみながら、雄大な十勝原野を眺めることができる。

突然現れ、突然消える〝幻の湖〟のカラクリは？

「北海道の屋根」といわれる大雪山だが、実は「大雪山」という名の山はない。北海道の中央部にそびえる火山の集まり全体を、「大雪山」と呼んでいるのだ。その中に、〝幻の湖〟で有名な「白雲岳」がある。

毎年、5月になると、白雲岳の火口に湖が現れる。ところが、6月中旬には、その湖は忽然と姿を消してしまうのだ。そして、火口の底には、直径約300メートルの平らな地面が広がるだけの風景になる。

わずか1カ月余りしか出現しないこの湖は、昔から「幻の湖」といわれてきたが、その秘密のカギは「凍土」が握っていることがわかってきた。大雪山周辺は、北海道でも、とくに寒さの厳しいところ。冬には雪に覆われて、地中深くまで凍ってしまう。

ところが、春になると、雪解け水が火口の底にたまりはじめる。すると、火口の底が凍っているぶん、ほかよりも、水がたまりやすく、突然、湖が出現することになるのである。

しかし、このたまった水は、地中の凍土をじょじょに溶かしていく。すると、たまっていた水は、火口の底に吸い込まれて、湖は突然姿を消すというわけである。

「岩手」の県名は、どうやって決まったのか？

都道府県名の由来の中でも、もっともユニークな説があるのが「岩手県」である。鬼が岩に手形をつけたことから、「岩手」になったと伝えられているのだ。

その岩とされるものが、盛岡市名須川町《なすかわ》の三ツ石神社にある。

高さ約6メートルの岩が二つと、それよりやや小ぶりの岩が並んでいるのだが、その表面にコケの生えていない部分がある。

それが、大きな手形状をしていることから、「鬼の手形石」と呼ばれているのだ。

この手形にまつわる伝説によると、昔、この地域に住んでいた鬼は、村人や旅人に対して悪行のかぎりを尽くしていた。

困った村人たちは、信仰の対象であったこの三ツ石に、「なんとか助けてほしい」と祈ると、三ツ石の神が鬼を捕まえ、三ツ石に縛りつけた。観念した鬼が、二度と悪行を働か

日本地理全般
北海道・東北地方
関東地方
中部・北陸・近畿地方
中国・四国・九州・沖縄地方

ないことを誓ったので、約束の印として、三ツ石に手形を押させて逃がしてやった。それ以来、手形の跡にはコケが生えなくなったという。

この伝説から、「岩手」という地名が生まれたといわれているのだ。

雨が降っても、「奥入瀬」の水量はなぜ変わらない？

青森県の誇る観光地に「奥入瀬《おいらせ》」がある。中でも、十和田湖の「子《ね》の口」から「焼山《やけやま》」までの14キロは「奥入瀬渓流」と呼ばれ、日本を代表する紅葉の名所となっている。9月中旬から10月下旬にかけては、全国から多くの観光客がつめかける。

奥入瀬渓流は、瀬あり、滝あり、島ありと、その風景は千変万化する。しかも、自然林の中を行く散策道が、水の流れに並行して、ほぼ同じ高さで作られているので、美しい景観を存分に味わえるようになっている。

渓流の流れのすぐそばに散策道をつくれたのは、洪水の心配がないからである。

この奥入瀬渓流、雨のあとでも、渓谷の水量は増えないのである。雨のあとばかりか、台風のあとも、逆に晴天が続いても、水量はほとんど変化しない。

といえば、何か不思議なカラクリがありそうだが、実は上流の十和田湖の出口に水門があって、そこで流れ出る水の量を調節しているだけのこと。

だが、その調節作業が行われているからこそ、岩の上の苔が削られることもなく、いろいろな名がつけられた特徴ある渓流の様子を楽しむことができる。こうして、奥入瀬の美しさは保たれているというわけである。

東北地方で降る不思議な雪の真相とは？

青森、秋田、山形、そして新潟、石川といった日本海側の豪雪地帯には、ごくまれに赤い雪が降ることがある。

たとえば、江戸時代の文書には、１７４９年（寛延2）の2月29日、「赤砂のようなものが降って、雪上に一～二寸積もった」と記されている。

また、１９６６年（昭和41）にも、新潟で「赤い雪が降った」という記録がある。このときには、その正体が調べられ、赤い雪の正体は、中国大陸から飛んできた黄土だったことがわかっている。

一般に、大陸で吹き上げられた黄土が、偏西風に乗って日本まで飛んでくる現象を「黄砂現象」と呼ぶ。

この現象が起きたとき、ちょうど日本で雪が降っていれば、飛んできた黄土は雪と混じり合う。その黄土に、赤っぽい砂がたくさん混じっていれば、積もった雪が赤く見えるというわけである。

もっとも、雪に色がつく原因は黄土だけに、赤い雪というより、オレンジ色の雪というのが正確な表現に近い。

わかってしまえば、赤い雪が降るカラクリには納得いくのだが、昔の人には相当不気味な現象だったようで、「１０００年に一度赤い雪が降り、その赤い雪を浴びると、雪女が溶けて消える」という伝説を残す地域もある。

③関東地方

蔵前にはどんな〝蔵〟があったのか？

台東区《たいとうく》の蔵前《くらまえ》といえば、かつては国技館《こくぎかん》のあった場所。ただし、さらにさかのぼれば相撲《すもう》よりもお金に縁の深かった土地で、蔵前とは、その名のとおり「蔵の前の土地」のことだったのだ。

では、どんな蔵だったかというと、この地域に建ち並んでいたのは、お米の蔵である。

1620年（元和6）、江戸幕府は、隅田《すみだ》川《がわ》の西岸（現在の蔵前一・二丁目、柳橋二丁目）を埋め立て、ここに浅草御蔵という名の幕府最大の米蔵を建てた。米蔵の前には船着場を設け、全国にある幕府の天領からの米を船で運び込めるようにしたのだ。

その船着場付近を「御蔵前《おくらまえ》」と呼んだとこ

ろから、蔵前という地名が生まれた。

やがて、蔵前には、米問屋や札差《ふださし》が建ち並ぶようになる。

武士の給料が米だったこの時代、旗本や御《ご》家人《けにん》は、年三回この米蔵に俸禄米《ほうろくまい》を取りに来ることになっていた。そして、お米をお金に変える必要があった。

その一連の作業はけっこう手間がかかるため、札差は、旗本や御家人に代わって、米を受け取り、米問屋に売って換金することを当初の仕事としていた。

そのうち、旗本や御家人の生活が苦しくなると、札差は米を担保に旗本や御家人にお金を貸すビジネスも手がけるようになる。今でいう消費者金融のような存在で、蔵前にはそんな羽振りのいい札差がたくさんいたのだ。

彼らの豪奢な生活ぶりや遊び、派手なファッションは、その地名から「蔵前風」と呼ばれていた。

神楽坂が東京の「花街」になった経緯は？

東京の花街として知られる神楽坂《かぐらざか》。かつては、田中角栄元首相をはじめ、政財界の大物たちも神楽坂の料亭をよく利用した。今でも、その一角には花街らしい石畳の小路が残っている。

この神楽坂、江戸時代から花街だったわけではない。もともとは、この坂にある毘沙門天の寺「善国寺」の門前町だった。

また、この坂の近くには、市谷八幡宮の分祭所があり、祭のときには神楽が催された。

〝神楽のよく聞こえる坂〟ということから、

神楽坂と呼ばれるようになったのだ。もともとは芸者さんよりも、神仏と縁の深い土地なのである。

ここが一転、花街となるのは、明治以降のこと。

善国寺周辺に茶屋や料亭が増え、日清・日露戦争後の好景気も手伝い、市ヶ谷など軍隊の駐屯地と遠くないこともあって、花街として成長していった。商店や料亭のほか、遊廓や待合も立ち並び、ひところは料亭の数150軒、芸妓の数700人といわれるほどの花街に成長した。

しかも、1923年（大正12）9月1日の関東大震災のとき、東京の多くの花街が焼失したが、神楽坂は焼けなかった。その幸運も手伝って、神楽坂は、東京を代表する花街になったのだ。

その後、第二次世界大戦では戦禍に遭うが、地元の人たちは古い街並みを再現しようと考えた。地元の人の街づくりの工夫もあり、神楽坂は、今なお花街らしい雰囲気を残す街になったのだ。

荒川はいつから東京都内を流れるようになった？

東京の荒川は、隅田川、多摩川とともに東京を代表する川。ただ、隅田川、多摩川と違うのは、人の手によってつくられた人工河川という点である。

荒川の歴史には、少々ややこしいところがある。荒川という名は、もともと現在の隅田川の上流を指すものだった。同じ川を上流では荒川と呼び、下流では隅田川と呼んでいた

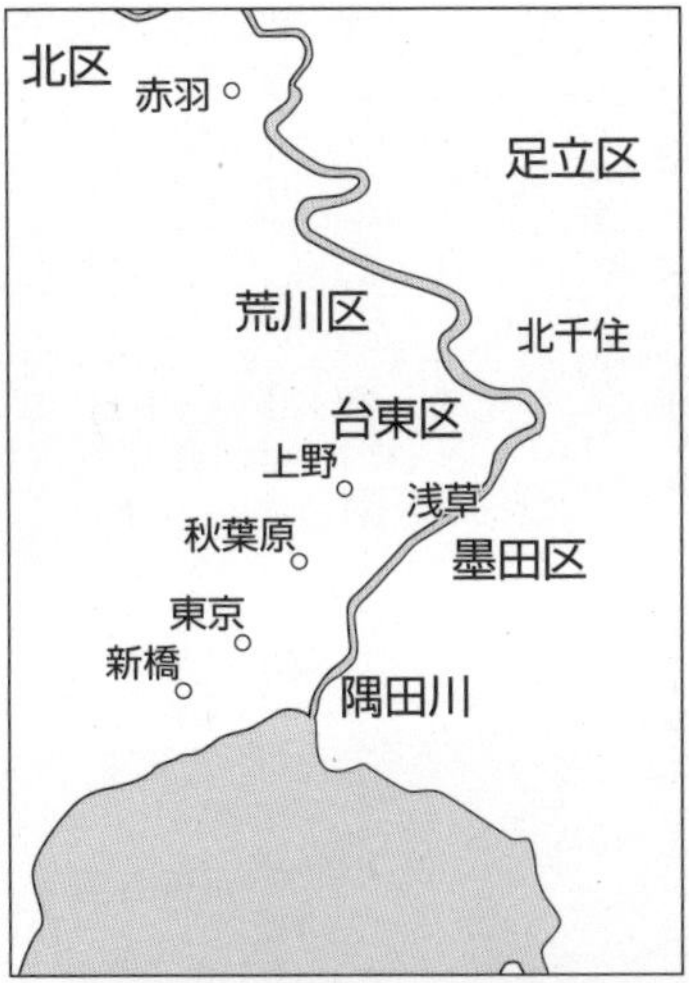

かつての荒川―隅田川

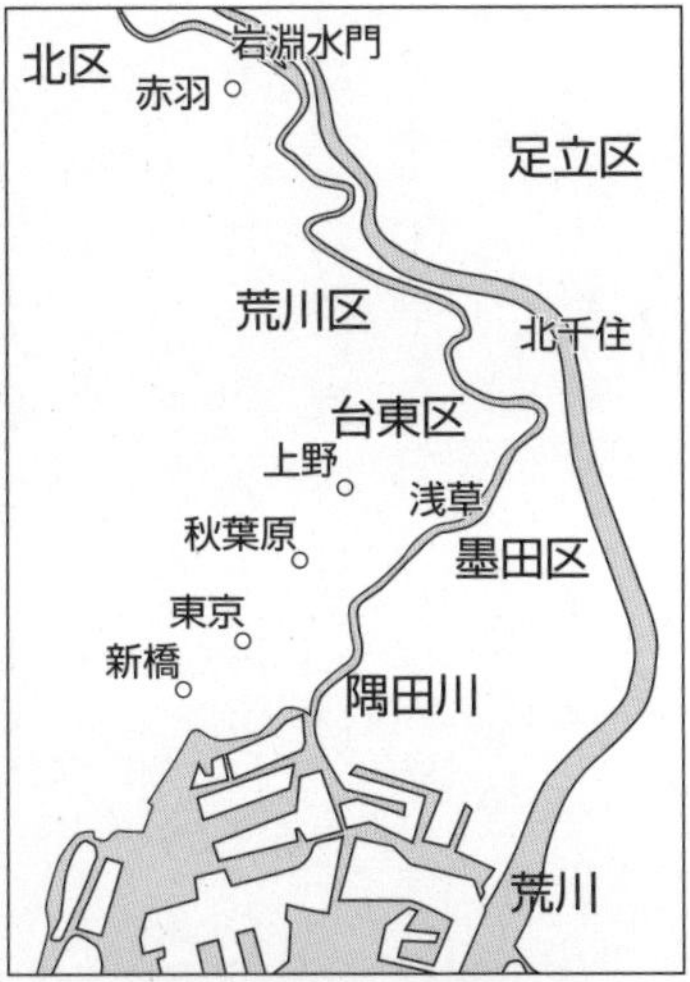

現在の荒川と隅田川

のである。

その荒川・隅田川の流れは、かつては文字どおりの「荒れ川」で、明治時代まで、しばしば氾濫し、周辺の低地地帯に大水害をもたらしていたのだ。

そこで、隅田川から放水路をつくり、水流を分散させる計画が持ち上がった。東京都内に「荒川」が登場したのは、水害対策の結果なのである。

１９１１年（明治40）、北区岩淵から東京湾に向けて、全長22キロ、上流の幅約５００メートルの大放水路の開削工事が始まった。関東大震災を経て、１９３０年（昭和５）に大放水路は完成した。それが、荒川放水路だ。荒川の流れを隅田川と荒川放水路とに二分することで、以後、洪水による災害はなくなった。

完成当初は「荒川放水路」と呼ばれていたが、1965年（昭和40）に正式に「荒川」となった。その結果、荒川は埼玉県から東京都を抜けて東京湾に流れる川となり、隅田川は北区岩淵から東京湾に注ぐ川となったというわけだ。

千葉県の地名に数字がよく出てくる理由は？

千葉県北部の地図を見ると、数字のつく地名が多いことに気づく。八街《やちまた》市をはじめ、新京成電鉄沿線には「五香《ごこう》」「三咲《みさき》」という駅がある。船橋から柏、野田へ向かう東武野田線には「六実《むつみ》」「豊四季《とよしき》」という駅がある。

これらの数字地名には、実はつながりがある。

千葉県北部は、江戸時代には幕府の放牧地があった土地。ところが、江戸幕府が滅ぶと、放牧地は不要になった。

一方、維新後、明治政府は、失業者問題に頭を痛めていた。そこで、失業者対策もあって、千葉県北部を新たな開拓地にしようと考えた。生活に困っている元下級武士や武家屋敷の奉公人を、入植者として千葉県北部に送り込んだのだ。

そのさい、明治政府は開墾地に名前をつけることになったが、開墾を手がけた順番が一目でわかり、かつ成功を祈願する美しい名にしようということになった。それが「五香」や「三咲」などの地名だ。

順番にいうと、鎌ヶ谷市の「初富《はつとみ》」、船橋市の「二和《にわ》」「三咲」、柏市の「豊四季」、松戸市の「五香」「六実」、富里《とみさと》市の「七栄《ななえ》」、八街市の「八街」、香取市の「九美上《くみあげ》」、富里市の「十倉《とくら》」となる。さらに、白井《しろい》市の「十《と》余一《よいち》」、柏市の「十余二《とよふた》」、成田市と多古町にまたがる「十余三《とよみ》」と続いた。

もっとも、この地域での開墾事業は、ほとんど失敗した。元武士たちにとって慣れない農作業であったし、土壌にも問題があった。多くは離農していき、地名だけが残ることになった。

東京の下町の区境はどうしてクネクネしてる？

東京の下町の地図をじっくり眺めていると、区の境界線が妙にクネクネしているところがあるのに気づかないだろうか。

これは、古い河川を区の境としているから。

東京下町には、前述した荒川（荒川放水路）はじめ、隅田川、江戸川、新中川といった大きな川のほかにも、数多くの川が流れていた。大きな川は、水害対策のため何度も改修工事が行われ、比較的直線的に流れているが、古い河川はクネクネと蛇行したまま。その曲がりくねった河川を区の境としたため、蛇のようにクネクネになったのだ。

たとえば、葛飾区と墨田区、江戸川区と江東区の区境は、近代に生まれた荒川を境としているため、区境は直線か、ゆるいカーブになっている。だがその間の、江戸川区が荒川の西岸に張り出して、墨田区と接する部分は、クネクネとしている。これは、旧中川を区境としているからである。

文京区と台東区の区境は、不忍池に注いでいた藍染《あいぞめ》川に沿っている。今は、河川はなく道になっているが、川筋そのままに曲がりくねっていて、「へび道」と呼ばれている。

また、葛飾区と足立区の境、葛飾区と江戸川区の境も複雑な線を描いている。これも、かつてここに河川があったからだ。特に、前者は古隅田川が流れていて、かつては大河だったところ。今は地図にも出ない細い川になってしまったが、大河の名残りが〝蛇行〟する区の境界線として残っているのだ。

豊島が豊島区にないのはなぜ？

東京都の豊島区は、繁華街の池袋を中心とする区だが、地図を見ても、この区内に「豊島」という地名は存在しない。一方、その北の北区には、「豊島」という地名がある。さらには、遊園地の豊島園は豊島区にはなく、その西の練馬区にある。

そんなことになっているのは、かつて存在した大きな「豊島郡」が、その後、いくつかの区に分割されてきたからだ。

豊島という地名は古くからあり、7世紀にはすでに文献に見ることができる。

その昔、豊島という地名は、現在の豊島区や北区をはじめ、文京区、新宿区、台東区、荒川区、北区、板橋区、練馬区、さらには港区、渋谷区、千代田区あたりまでをも指していた。東京湾にも面し、沿岸に多くの島があったことから、豊島という名がついたと見られている。

しかし、豊島という地名が指す地域はじょじょに狭くなり、明治維新後、その一部が豊島郡になったものの、さらに分割されていく。

1889年（明治22）には、北豊島郡と南豊島郡に分けられ、1932年（昭和7）には北豊島郡は東京市に編入され、今の豊島区、板橋区、練馬区、北区、荒川区に分かれた。

それ以降、豊島という地名は「豊島区」という区名に残るとともに、他の区の地名としても残ることになった。北区には豊島一丁目から八丁目までが残り、練馬区には遊園地の名に残ったのだ。

酒造りの町でもないのに、どうして麹町？

東京都千代田区の「麹町《こうじまち》」は、江戸城の半蔵門と四谷の間にあり、今はビルの建ち並ぶオフィス街。この麹町、「麹」とあることから、もともとは酒造りに関係した町なのかと思うかもしれないが、そうではない。

麹町の由来には諸説ある。

昔、この地は矢部氏という一族が治めていて、彼らは武蔵の国府である府中と江戸の間で荷物の運搬を担っていた。国府と関係するところから、「国府方《こうかた》」と呼ばれ、そこから「国府路《こうじ》町」となった。それに「麹」という字が当てられ、麹町となったという説が一つ。

あるいは、江戸時代、この一帯は武家屋敷が多いため、小路が多かった。そこから「小路町」と呼ばれ始め、やがては麹町となったともいわれる。

もう一つ、この地に味噌や醤油を売る「麹屋」が多かったところから、麹町となったという説もある。

いずれの説が正しいにせよ、酒造りとは関係がなかったわけだ。

なぜ、西新宿の超高層ビルは道路の下から建っている?

東京・西新宿といえば、東京都庁や京王プラザホテルなどの超高層ビルが林立する副都心。この西新宿を歩くと、超高層ビルが、道路よりも下の地面から建っていることに気づかされる。

これは、工事のときに、道路よりも低く地面をならしたからではない。もともと、この地域一帯はほかの土地よりも深く掘り下げられていたのだ。

なぜ、そうなっているのだろうか?

それは、超高層ビルが立ち並ぶ以前の西新宿には、淀橋浄水場があったから。

江戸時代から明治中期にかけて、江戸・東京で暮らす人々は、玉川上水と神田上水を生活用水にしていたが、衛生面での問題があった。そこで1898年(明治31)、7年がかりで行われた工事の末に浄水場が完成。おかげで衛生的な水が、東京の街に供給されるようになったのである。

淀橋浄水場では、碁盤の目のように、いくつもの貯水池が掘られていた。水の中にあるチリなどを池の底に沈殿させて濾過《ろか》するためで、浄水場にはたくさんの池が必要だったのだ。

1965年(昭和40)、浄水場施設は東村山に移され、淀橋浄水場は閉鎖された。しかし、その碁盤の目のように区画された池の跡はそのまま残っていた。

やがて、浄水場跡地に超高層ビルが建てられるわけだが、池の底を地面にしたため、道

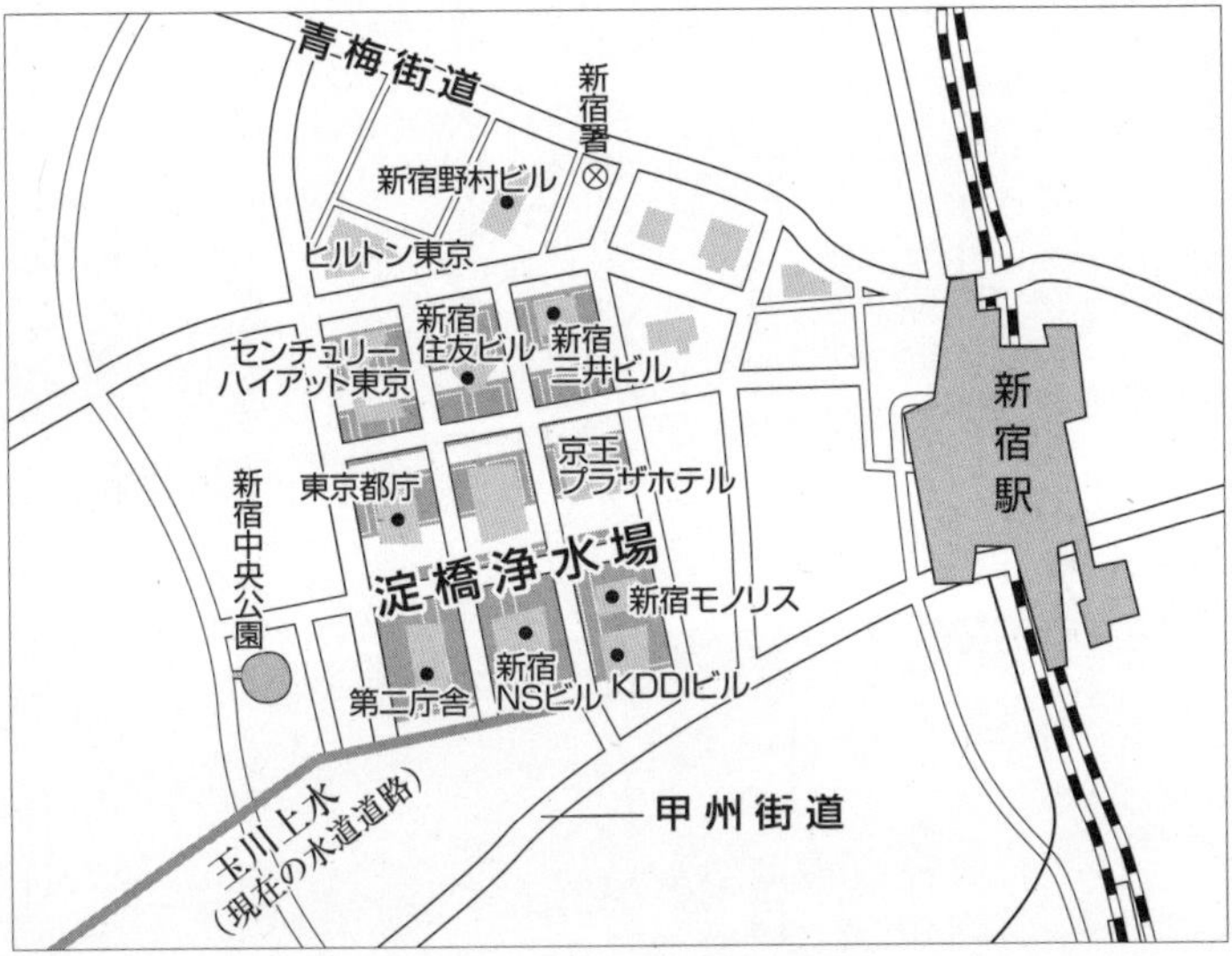

路より一段低くなったところからビルが建つことになったのだ。

高田馬場の地名の本当の由来とは？

堀部安兵衛の仇討ちや早稲田大学の学生街として知られる東京・高田馬場。江戸時代には、地名が表すように、この地に本当に「馬場」があった。

この地が「高田」といわれるようになったのは、江戸時代初期、越後高田藩主・松平忠《ただ》輝《てる》の母の高田君《たかだのきみ》の庭園がつくられていたから。なお、松平忠輝は徳川家康の六男である。

そして、徳川幕府がこの地に馬場をつくったのは、１６３６年（寛永13）のこと。当時の馬場は、幕府の旗本らが乗馬や流鏑馬《やぶさめ》の練習をする場所であり、高田の地に馬場ができたから、高田馬場と呼ばれるようになったというわけだ。

ただ、この高田馬場という名が、正式の地名になるのは、ずいぶん後のこと。まず、1910年（明治43）、地名としてより先に鉄道の駅名として登場する。国鉄の駅名として使われ始めたのだ。

正式の地名として登場するのは、意外にも戦後のことだ。1975年（昭和50）に戸塚町や諏訪町、下落合の一部が合併して、高田馬場という地名が誕生した。

東京の地下鉄に「○○三丁目」という駅が多いワケは？

東京の地下鉄の駅名の特徴は、「○丁目」と丁まで記した名が多いことだ。なかでも多いのが「三丁目」だ。

丸の内線だけでも「新宿三丁目」「四谷三丁目」「本郷三丁目」と、三つも〝三丁目駅〟がある。ほかにも、三田線に「志村三丁目」があり、三丁目の付く地下鉄駅は四つある。

一方、二丁目、四丁目の駅はないが、一丁目は銀座線の「青山一丁目」、有楽町線の「銀座一丁目」、南北線「六本木一丁目」、五丁目は大江戸線の「西新宿五丁目」がある。

つまり、東京では、三丁目のつく地下鉄駅が一番多いのだ。しかも、駅の住所が三丁目ではない駅でさえ、「三丁目」を名乗っている。丸の内線の本郷三丁目駅は、実際は本郷二丁目にあり、大江戸線の本郷三丁目駅は本郷四丁目にある。

これは、駅周辺の事情に合わせているため。

地下鉄の駅名をつけるさいには、その駅の住所を基本にするにしても、駅周辺でもっとも人口の多い地域、面積の広い地域なども考慮に入れられる。

東京では、地名の統合が進んでいて、大阪や札幌と比べて○丁目の数が少ないこともあって、三丁目あたりがその地名の中心地になりやすいのである。

ディズニーランドの最寄り駅が「舞浜」になった事情とは？

千葉県の東京ディズニーランドの玄関といえば、ＪＲの舞浜《まいはま》駅。舞浜駅は東京ディズニーランドのためにつくられた駅であり、舞浜という地名もそのさいつくられたもの。昔からこの地に舞浜という地名があったわけではないのだ。

もともと舞浜駅は、「東京ディズニーランド前駅」とわかりやすく名づけられるはずだった。ところが、東京ディズニーランド側からＯＫが出なかった。もし、ディズニーランドと名のつく駅や駅周辺が、美観を損ねるものとなった場合、ディズニーランドの印象も悪くなる。そのため、ディズニーランドの名をつけないように求めたのである。

そこで、ＪＲでは、新駅名を考えることにした。そのさい、ヒントになったのが、アメリカのウォルト・ディズニー・ワールドのあるフロリダである。

フロリダには、世界的に有名なマイアミビーチがある。そのマイアミビーチの雰囲気にあやかろうと、「マイアミの浜辺」＝「舞浜」という言葉をつくり出したのだ。「マイハマ」

という音なら、外国人にも覚えてもらいやすいという読みもあった。

そして、駅名を舞浜と名づけたからには、マイアミの雰囲気に近づける必要もあろうと、関係者は考えた。舞浜周辺の海岸に、椰子の並木道があるのはそのためだ。

信濃町と信州には関係があるか？

東京都と長野県には、ともに「信濃町《しなのまち》」という地名がある。長野県の信濃町は長野県の北部、新潟との県境近くにある町。一方、東京の信濃町は、新宿区内にあり、中央線の駅名にもなっている。

長野県の信濃町は、長野県の旧国名に由来する地名。一方、東京の信濃町は、旧国名と直接関係するものではない。

東京の信濃町は、江戸時代に永井信濃守の別邸があったところから、この名がついた。だが、信濃守といっても、永井家は信濃国とは直接関係なく、おもに近畿地方の藩主を務めていた。

信濃守にかぎらず、「〇〇守」というのは、江戸時代には単なる称号になっていて、自分の治めている国名とは関係なかった。永井家では、まず、江戸時代のはじめに、尚政が信濃守となった。以後、尚長、直国、直温《なおあつ》らの子孫も信濃守を名乗りつつ、丹後《たんご》国宮津や大和国新庄の藩主を務めた。

信濃守の別邸が、江戸時代を通じて同じ場所にあり続けたため、江戸っ子はその周辺を信濃殿町とか信濃原と呼ぶようになった。それがやがて、信濃町となったのだ。

芦ノ湖の底に〝杉林〟があるのはなぜ？

神奈川県箱根山の近くにある芦ノ湖は、周囲約19キロほど、最大水深は40・6メートルの湖。芦ノ湖のいちばんの名物は、湖面に映る富士山の姿。昔から「逆さ富士」として名高い。そして、もう一つ、この芦ノ湖で有名なのが「逆さ杉」である。

芦ノ湖の湖底には〝杉林〟があり、湖面から眺めることができるのだ。なかには、湖底から20メートルの高さの大木も水中に沈んでいる。

江戸時代には、杉の梢は湖面の上に頭を出し、これが湖面に映っていた。そこから、「逆さ富士」にならって、「逆さ杉」と名づけられたのだ。

この逆さ杉を見て、芦ノ湖は昔、杉林で、そこに水がたまって湖ができたと思う人もいるだろうが、そうではない。芦ノ湖は、箱根火山の爆発によってできたカルデラ湖で、杉林は湖ができたずっとあとに形成されたものだ。

実は、芦ノ湖中の杉林は、地震によって生まれた。今から１６００年前の古墳時代と、１０００～１１００年前の平安時代初期に、箱根周辺は大地震に見舞われている。

そのとき、山の斜面に立っていた杉林が、立ったまま土砂とともに湖にすべり落ちたと見られている。

芦ノ湖中の杉林を調べると、１６００年前のものと１０００～１１００年前のものと二つのグループに分けられるのだ。

箱根周辺では、500年周期で大地震が起きると考えられている。将来、新たな逆さ杉が生まれる可能性もありうるのだ。

どうして小菅に日本最大の拘置所ができた?

政治家や財界の大物が逮捕されたとき、よく話題にのぼるのが、葛飾区の小菅《こすげ》にある東京拘置所だ。小菅の東京拘置所は日本最大の拘置所であり、約6万坪の土地に15もの建物が立っている。

もともと小菅の地は、拘置所とはなんの関係もなく、江戸時代初期には、関東郡代の伊奈氏の大きな下屋敷があった。江戸も半ばになると、鷹狩り好きの将軍・徳川吉宗がこの地に目をつけ、鷹狩りのときの休憩所として小菅御殿を建てた。この小菅御殿は1794年(寛政6)に取り払われ、幕府の非常用の籾倉《もみぐら》が建てられた。

明治維新後、小菅の籾倉跡にはレンガ工場が建てられた。銀座に西洋式の建物を造るため、膨大な量のレンガが必要になり、その供給工場がこの地に建てられたのだ。

そして、1878年(明治11)、このレンガ工場が拘置所の前身を引き寄せる。監獄の一種である集治監を設けることになったのだ。レンガの製造なら囚人用の作業にぴったりという理由で、この地が選ばれたのだ。ほかにも、都心からほどほどに遠いこと、大きな敷地を確保できることも選択の理由だった。

この集治監がやがて小菅刑務所となり、現在の東京拘置所となった。

230もの横穴が空いている「吉見百穴」の謎とは？

埼玉県東松山市に、吉見百穴《よしみひゃくあな》という変わった山肌がある。この山肌には、約230もの横穴があいているのだ。トルコのカッパドキアを連想させる面白い光景だ。

この横穴の存在は古くから知られていて、いったいなんのための穴なのか、議論が続いてきた。穴から須恵器《すえき》や玉類、武具などが出土したこともあり、一時は古代人の住居ではないかと考えられていた。

1887年（明治20年）には、日本の人類学の創始者の1人といわれる坪井正五郎が「アイヌ伝説にあるコロボックルの住居」という説を唱えているほどだ。この説の登場以降、吉見百穴は全国的に有名になった。

ところが、研究が進むにつれ、古代人の住居説は否定された。今は古墳時代末（7世紀）の墳墓と確認されている。

古墳というと、墳丘タイプのものを思い浮かべる人が多いだろうが、実は多様な形があり、古墳時代後期には、砂岩などやわらかい地質の丘陵斜面に横穴を掘り、墓とすることがあったのだ。そして、一つの穴に何体かの遺体が納められ、須恵器や玉類、武具などを副葬品とした。吉見百穴は、この横穴型の古墳だったというわけだ。

駅名は「市ヶ谷」、地名は「市谷」なのはどうして？

JRでも地下鉄でも、駅名は「市ヶ谷」と

なっている。ところが、地図で住所を見ると、「市谷」と記されている。市谷周辺の建物を見ると、「市ヶ谷○○」となっているものもあれば、「市谷△△」となっているものもある。市ヶ谷と市谷、いったいどちらが正しいのだろう?

「ヶ」を入れたほうが正しいか、入れないほうが正しいかについては、どちらともいえない。ただ、古くは「市ヶ谷」で、もともとは住所も「市ヶ谷」と表記されていた。それに合わせて駅名も「市ヶ谷」とされた。

それが「ヶ」抜きの住所表示になったのは、住所表記の変更があったからだ。「市ヶ谷」よりも「市谷」がいいということで、住所表記は「ヶ」抜きとなった。

ところが、そのとき、鉄道側は変更をためらった。こうした住所表記の変更は珍しくないので、ふたたび「市谷」の名が変わることも考えられる。変更にいちいち合わせていると、利用客は混乱してしまう。そこで、駅名は「市ヶ谷」のまま残ることになったのだ。

那須の「殺生石」の意外な正体は?

栃木県の那須《なす》湯本温泉の近くには、「殺生《せっしょう》石《せき》」と呼ばれる岩がある。

こんな物騒な名がついたのは、この岩のある地域では、鳥や昆虫だけでなく、人や動物もよく命を落としたから。そこで、昔の人たちは、この石に何かが宿っていると考え、殺生石と名付けたのだ。

昔の人が、殺生石からイメージしたのは、中国の妖怪・九尾《きゅうび》の狐である。中国やインドで王妃に化けて悪行を重ねた九尾の狐は、やがて日本に渡ってくる。平安時代末には、「玉藻の前《たまも》」という絶世の美女に化け、宮中にまで入り込もうとする。ところが、最後には正体がばれて、那須へと逃げる。

朝廷は、三浦介義純と上総介広常の軍勢を那須に派遣し、九尾の狐を退治させた。このとき狐は、巨大な石に変わった。だが、石に変わっても九尾の狐の毒性は抜けず、この石の近くで生き物が命を落とすことになった。

これが殺生石の伝説だ。

実際は、殺生石の近くで生き物が死ぬのは、殺生石周辺から出る硫化水素や亜硫酸ガスが原因だ。那須は、火山帯の一角にあり、地下には硫化水素や亜硫酸ガスなどがたまっている。これが噴気孔から地上に出てくることがあり、その噴気孔の一つが殺生石の近くにあったのだ。

今では亜硫酸ガスの噴出量は少なくなっているが、かつては大量に噴出していた。殺生石の伝説は、そんな危険地帯であることを伝えるためのものでもあったのだ。

東京23区で一番古い区はどこ？

東京には、千代田区や新宿区をはじめ、23の区がある。

その歴史を振り返ってみると、東京が市になった1889年（明治22）には、15の区しかなかった。それも、京橋区や麹町区、赤坂区など、今はない区名が少なくない。

そのころの東京市は、今の千代田区、中央区、港区、文京区に下町を少し加えたくらいの大きさしかなかった。やがて、周辺の郡部を併合して大きくなり、1932年（昭和7）に区の数は35になった。このとき、渋谷区や世田谷区、荒川区などの〝新しい区〟が誕生している。

戦後になると、1947年（昭和22）3月には、区の合併があり、ここで一気に22区に減った。

このとき、今ある区のほとんどが誕生し、その5カ月後、新たに1区が追加され、今の23区となったのだ。

最後に追加された区はどこかというと、練馬区。今の練馬区はもともと板橋区の一部だったが、他の区に遅れること5カ月、昭和22年8月に分離、誕生したのだ。

というわけで、練馬区は東京でもっとも若い区なのである。

新宿区中町、渋谷区本町が区の中心にない理由は？

東京には「本町」と「中町」という地名が数多くある。普通に考えれば、本町、中町というい以上、それぞれの地区の中心にありそうだが、意外に中心からは外れたところにあることも少なくない。

その典型が、新宿区中町と渋谷区本町。

新宿区中町というくらいだから、新宿の繁華街の真ん中にあるかというと、JR新宿駅周辺にそんな地名は存在しない。新宿区中町があるのは新宿区の東の端である。

そんな端っこの町に「中町」という名がついているのは、そこが昔の牛込《うしごめ》区の中町だったから。

新宿区は、かつて淀橋区、四谷区、牛込区の三つに分かれていて、現在の新宿区中町は牛込区の中ほどにあり「牛込区中町」と呼ばれていた。その後、三区が合併して、牛込区が新宿区の一部になったとき、新宿区牛込中町とせず、新宿区中町としたので、新宿区の中心にあるような名前として残ったのだ。

渋谷区本町が、渋谷区の中ほどでなく、北のほうにあるのも事情は同様。こちらは、かつては「幡《はた》ヶ谷《がや》本町」という地名だったが、1960年（昭和35）の地番整理で本町と幡ヶ谷に分けられたため「渋谷区本町」になったというわけだ。

横浜市保土ヶ谷区の意外な由来とは？

横浜市の「保土《ほど》ヶ谷」といえば、区の名やJRの駅名にもなっている地名。かつては、東海道五十三次の宿場でもあった。この保土ヶ谷という名、ふだんなにげなく口にしているが、実はエッチな名前という説がある。

問題は、その地形である。保土ヶ谷周辺は、昔は谷で、そのくぼんだ形は女性器をイメージさせるものだった。昔は、女性器のことを「ホト」と呼び、「保土」と書くこともあった。つまり、ホトの形をした谷だから、保土ヶ谷になったというわけだ。

ただ、保土ヶ谷の由来には、他の説もあり、平安時代末期、榛谷四郎重朝という豪族が住んでいて、自分の領地を伊勢神宮に寄進した。そこから「榛谷《はんがや》御厨《みくりや》」と呼ばれるようになり、いつしか漢字が変わり、保土ヶ谷となったという説もある。

日本地理全般
北海道・東北地方
関東地方
中部・北陸・近畿地方
中国・四国・九州・沖縄地方

④ 中部・北陸・近畿地方

富山平野で、冬でも「南風」が吹くのはなぜ？

冬型の気圧配置といえば、おおむね「西高東低」である。そして、そのときに吹く風は、北西からの季節風。教科書風にいえば、「冬は大陸で高気圧が発達し、日本の東方及び北太平洋にある低気圧に向かって北西の季節風が吹く」となる。

ところが、富山の平野部では、その冬に「南風」が吹く日が多い。古い家では、防風のための屋敷林が、家屋の南側から西側に植えられているほどだ。冬場には珍しい南風の原因は、富山平野の東側から東南にかけてそびえ立つ立山連峰にある。

富山平野でも、上空では北西の風が吹いていて、この風が3000メートル級の立山連

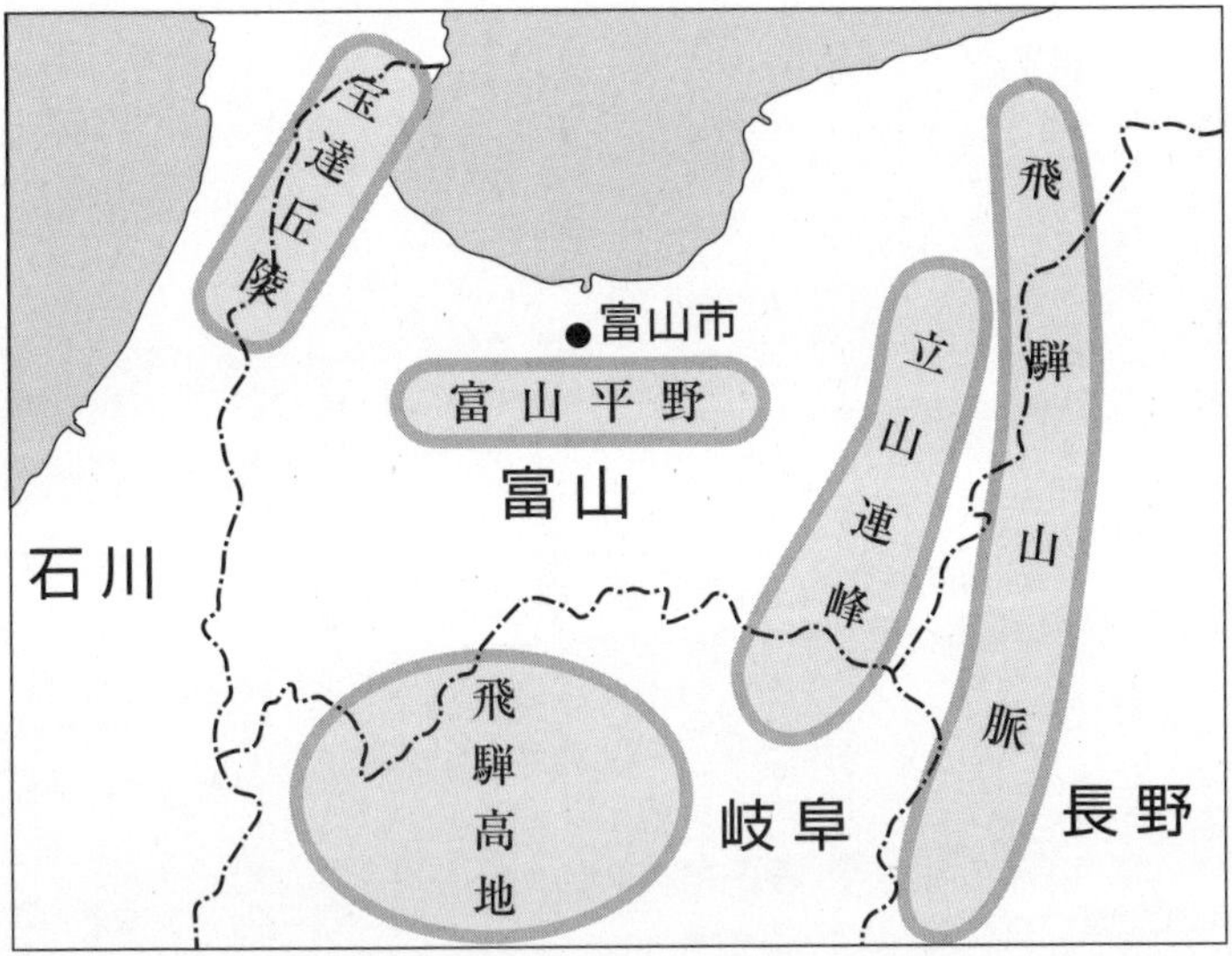

峰にぶつかる。一方、富山平野は、南側に飛驒高地、西側に宝達《ほうだつ》丘陵があり、山に囲まれた袋状の地形となっている。

そこで、立山連峰にぶつかった風は逃げ場を失い、しだいにたまっていく。やがて、局地的な高気圧が発生し、そこから吹き出す風が南風となるのである。そのため、南風が吹いているのは、地上1000メートル程度までである。

もっとも、南風といっても暖かくはない。むしろ、北西の季節風とぶつかり合い、豪雪の原因となる厄介な風なのである。

駿府が「静岡」になるまでの経緯とは?

静岡市は、全国の県庁所在都市の中では、

新しい名前の一つ。江戸時代には、駿府《すんぷ》、あるいは府中と呼ばれ、明治になってから静岡となった。

駿府（府中）は、江戸時代には幕府の直轄地だったが、第15代将軍徳川慶喜の大政奉還後の1868年（慶応4）、徳川家の駿府移転が決まった。

このときは、すでに幕府はなくなっていたので、「駿府府中藩」と名乗ったが、府中という呼称は、ほかに「甲斐府中」といった地名もあり、まぎらわしかった。そこで、明治政府は、もっとわかりやすい名前にするよう、同藩に求めた。

改名にあたり、同藩が目をつけたのが、駿府城の北にある駿府を代表する山、賤機山《しずはたやま》。

この山名にちなむ名にしようとしたのだが、駿府学問所の初代校長だった向山黄村が反対した。「賤」には「賤しい」という意味があるので、新時代を迎えるにあたって縁起が悪いというのだ。そこで「賤」を「静」に代えることになった。

駿府府中藩は、明治政府に「静」「静岡」「静城」の三つの名を候補として提出し、採用されたのは「静岡」だった。こうして、1869年（明治2）、静岡という地名が誕生したのだ。

どうして伊豆半島には温泉が多い？

伊豆半島は、東京からほど近い温泉リゾート地帯。半島の付け根には熱海温泉、山間には修善寺《しゅぜんじ》温泉、湯ケ島温泉や湯ケ野《ゆがの》温泉、海岸部には伊東温泉、熱川《あたがわ》温泉、土肥《とい》温泉など

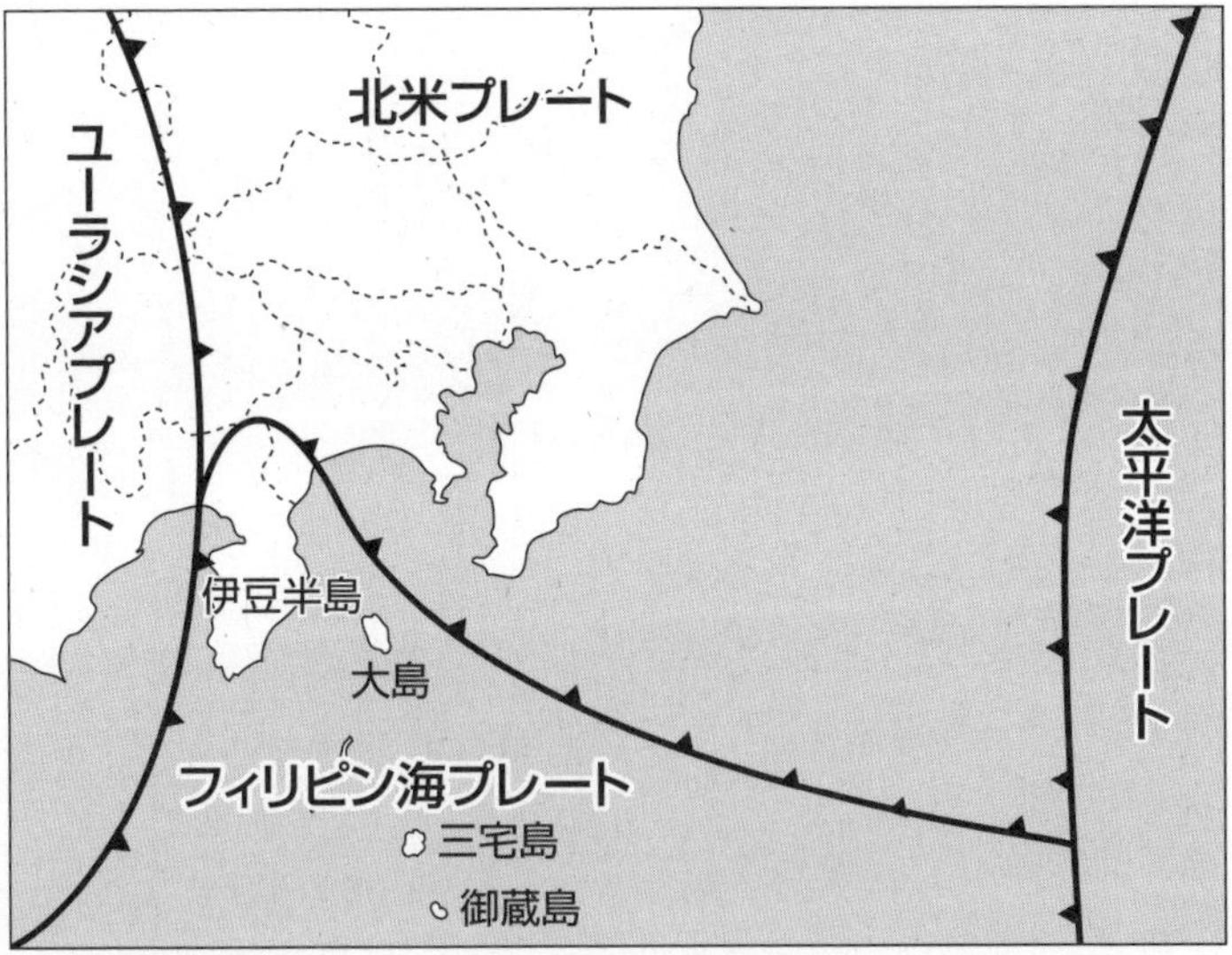

があり、有名な温泉が目白押しだ。

伊豆半島に温泉が多いのは、その地下深くに秘密がある。伊豆半島の地下では、ユーラシアプレートとフィリピン海プレート、さらには北米プレートと、三つものプレートがぶつかり合っているのだ。加えて太平洋プレートも、圧力をかけてきている。

プレートどうしがぶつかり合っている場所では、地殻どうしがこすれ合い、マグマがたまる。伊豆半島の場合、4つものプレートが力をかけ合っているのだから、膨大なマグマがため込まれている。

そのため、伊豆半島には、宇佐美、大室《おおむろ》、天城《あまぎ》、達磨、棚場などの火山があるし、さらに東沖には、伊豆東部火山群、伊豆大島などの活火山がある。南方にも、同じく活火山である三宅島がある。

伊豆半島の地下には、それぐらいマグマがたまっていて、マグマ熱によって地下水がたえず温められている。それが温泉として、伊豆半島の各地に湧き出しているのだ。

吉野山に3万本ものヤマザクラがある理由は?

奈良県の吉野山といえば、日本を代表する桜の名所。山麓から山頂に向かって、下千本、中千本、上千本、奥千本と呼ばれる桜の群落が順々に花をつけ、ヤマザクラが山と谷を埋めつくす。その数は約3万本といわれている。

吉野山に、これだけの桜があるのは、山岳宗教と関係している。

起源は、今から1300年前にさかのぼる。修験道の開祖と呼ばれる役行者《えんのぎょうじゃ》が、金剛蔵王権現の姿を桜の木に刻んで、吉野山に祀ったことがその発端。

のちに修験道が盛んになると、その桜が「御神木」として信仰されるようになる。やがて、地元の人々や信者によって御神木が盛んに献木されて、吉野山にはどんどん桜の木が植えられていったのである。

たとえば、1579年(天正7)には、大坂の豪商末吉勘兵衛が、1万本の苗木を寄進したという記録も残る。そのため、現在でも、吉野山の桜は、花見のためではなく、信仰の桜として大切に保護されている。

ちなみに、吉野山には、その名からして「ソメイヨシノ」が多いと誤解している人もいそうだが、話は逆である。「ソメイヨシノ」は、江戸時代に江戸の染井でつくられた改良種で、吉野山の桜にあやかりたいと名づけられた名前なのだ。

「琵琶湖の底にはたくさんの遺跡が眠っている」の噂は本当？

琵琶湖の底には、数多くの遺跡が眠っている。現在までに、わかっているものだけでも、80カ所以上。時代は、約1万年前の縄文時代早期から、約400年前の安土・桃山時代のものまでと幅広い。

なぜ、琵琶湖には、これほど多くの遺跡が眠っているのだろうか。それにはさまざまな説があるが、有力なのは「地盤沈下説」と「水位上昇説」である。

現在、琵琶湖の周囲は約240キロだが、昔はもっと小さかったという。地盤沈下によって沿岸地域が陥没し、琵琶湖は大きくなってきたと見られるのだ。その地盤沈下で、沿岸にあった集落などが湖底に沈んだというのが、地盤沈下説である。

一方、水位上昇説は、気候変動によって雨量が増加したうえ、湖水の唯一の出口である瀬田川の流量が少なくなって琵琶湖の水位が上昇、沿岸地域が水没したという説だ。

また、珍説としては琵琶湖移動説もある。大昔、琵琶湖は、現在の三重県北部にあったが、少しずつ北部へ移動し、陸地が水没したという説だ。たしかに、琵琶湖は、現在も1年に1、2センチずつ北へ移動している。

八ヶ岳で奇妙な「縞枯れ」現象が起きるのは？

北八ヶ岳の「縞枯《しまが》れ」という自然現象をご

存じだろうか。山好きの方にはおなじみだろうが、亜高山帯の針葉樹林が、横縞の帯状に枯れる現象である。遠くから見ると、それが美しい縞模様に見え、北八ヶ岳特有の景観となっている。

中でも、縞模様がくっきりと現れるのは、縞枯山と蓼科《たてしな》山。縞枯山は、この縞枯れ現象から、その名がついたほどである。

では、北八ヶ岳では、なぜ縞枯れ現象が起きるのだろうか。これには、強い南風と岩塊《がんかい》斜面が関係していると見られている。

台風が来たり、日本海に低気圧が発生すると、北八ヶ岳では強い南風が吹く。とくに土に乏しい岩塊斜面では、この強風によって木々が倒されやすい。また、南に面していると、強い日差しで乾燥して、立ち枯れも起こりやすくなる。こうして枯れた木々を斜面全体で見ると、縞柄に見えるというわけである。

小規模なものは、奥日光、中央アルプス、南アルプス、紀伊半島にも見られるが、大規模な縞枯れ現象が見られるのは、全国でも北八ヶ岳だけだ。

嵐山は「嵐」と関係があるのか？

京都の有名な観光地に「嵐山」がある。とくに、紅葉の季節に渡月橋《とげつきょう》に立つと、正面の嵐山が鮮やかに迫ってくる。山を彩る紅葉のあでやかさにうっとり見とれてしまうが、そもそもこの山はなぜ「嵐山」と名づけられたのだろうか。

その答えのヒントは、明治時代に出版された『大日本地名辞書』の中にある。そこには、

「アラスは松尾の古名で、嵐山は旧『荒樔山』だ」と記されているのだ。「アラス」は、720年（養老4）に完成された『日本書紀』にも見える地名である。

渡月橋の下を流れるのは桂川だが、その周辺の松尾あたりは、もともと上流から運ばれてきた土砂を堆積させた砂地で、古代、その砂地は「アラス」と呼ばれていた。

のちに、渡来系氏族の秦《はた》氏が開拓して田んぼになり、「アラス田」と呼ばれるようになった。さらに、近くの山中に田んぼの守り神を祀ったところから、「アラス山」と呼ばれるようになったという。

つまり、「アラスダ」近くにある山を「アラスヤマ」と呼び、それに「嵐山」という漢字を当てたというわけである。嵐山に「嵐」が吹き荒れたわけではなかったのである。

なぜ伊賀上野が忍者の里になった？

伊賀上野は、全国的に知られた忍者の里。地元の上野公園には、忍者屋敷もあって、紙や木の葉一枚で開く「仕掛け戸」や、重要書類を隠す「物隠し」、クルッと回転して戸の裏へ姿を隠すことのできる「どんでん返し」など、さまざまなカラクリを体験することができる。

この伊賀上野が、滋賀県の甲賀と並ぶ忍者の里となったのは、飛鳥時代にやって来た渡来人に由来するといわれる。渡来人たちは、古代中国の兵法書『孫子《そんし》』の中にある『用間《ようかん》篇』をよく知っていたのだ。

『用間篇』は、スパイを利用して戦争に勝利

日本地理全般
北海道・東北地方
関東地方
中部・北陸・近畿地方
中国・四国・九州・沖縄地方

する技術を説いたもので、そこからスパイ術が生まれ、吉野や高野の修験道や真言密教などの修行が取り入れられて、伊賀忍法が生まれたとみられている。

また、この地域は、中世には180以上の土豪が割拠して、お互いに張り合っていた。「昨日の敵は今日の友」「敵の敵は味方」という状況の中、敵情を探る諜報活動が発達し、奇襲に備えるための屋敷内のさまざまなカラクリが必要になったというわけだ。

富士五湖に、凍る湖と凍らない湖があるのはなぜ?

富士山北側の麓にある山梨県の富士五湖は、富士山周辺屈指のリゾート地。五湖とは、山中湖、河口湖、西湖《さいこ》、精進湖《しょうじこ》、本栖湖《もとすこ》を指す。夏は避暑、冬には湖面が凍結する湖もあってスケートを楽しめる。

ただし、冬に湖面が凍結する湖は、二つか、三つである。毎年冬になると、山中湖と精進湖には、湖面全体に氷が張るが、河口湖は全面凍結することは少ない。さらに、西湖と本栖湖は、全面的に凍ることはまったくない。

互いに近い位置にありながら、凍る湖と凍らない湖があることを不思議に思う人は少なくないだろう。しかも、精進湖と西湖、本栖湖は、地下深くでつながっているのに、全面凍結するのは精進湖だけなのだ。これは、それぞれの湖の深さが違うことが関係している。湖は、水深が浅いほど凍りやすい。

富士五湖の場合、全面凍結する山中湖は水深わずか13メートル、精進湖も16メートルしかない。河口湖も15メートルと浅いのだが、

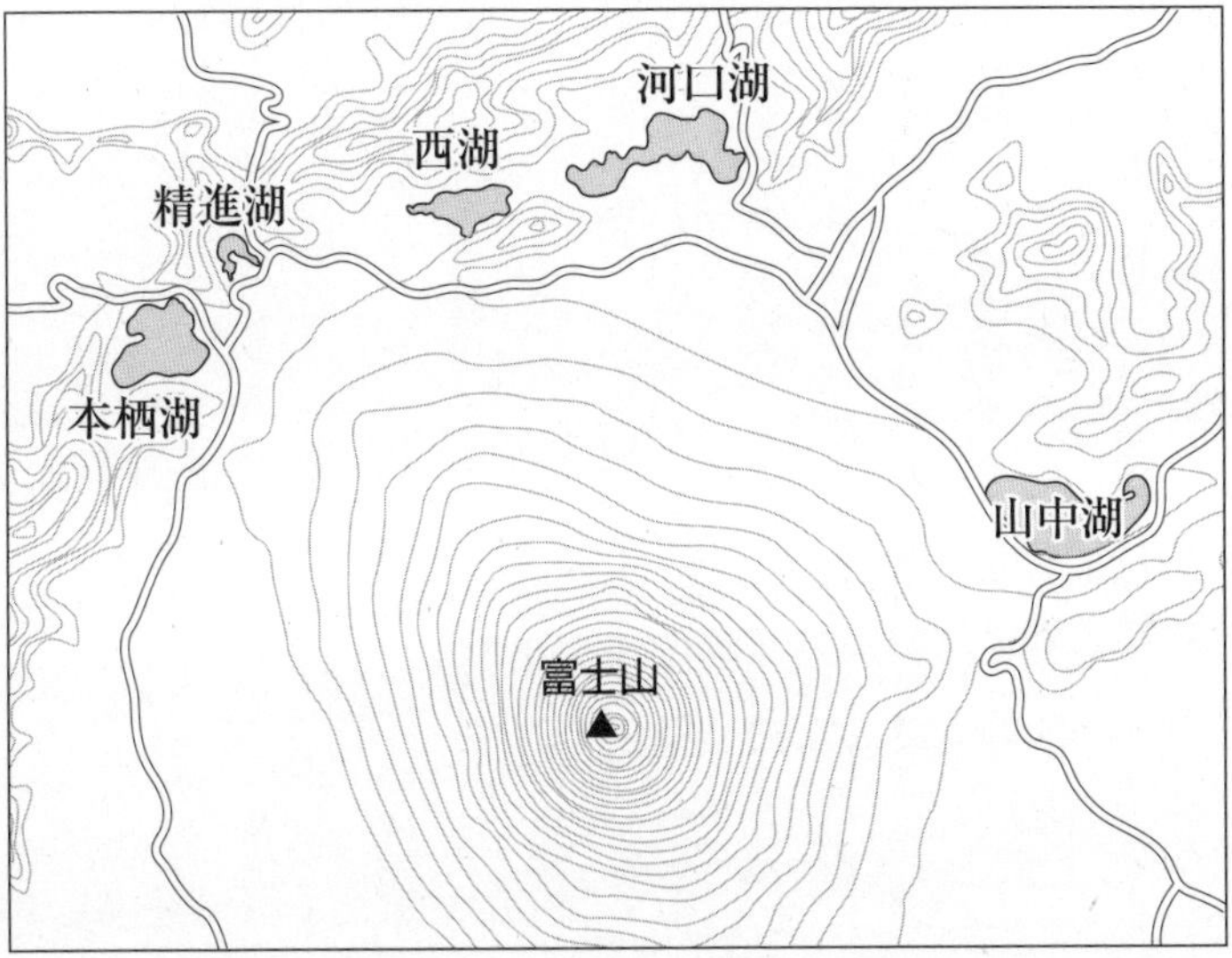

それでも凍りにくいのは、河口湖の標高が他の湖に比べて低く、水温がそれほど下がらないから。もっとも寒さの厳しい年には、全面凍結することもある。

一方、凍らない西湖は74メートル、本栖湖は122メートルの水深をもつ。これだけ深いと、水面温度が低くなっても、底のほうはさほど温度が変わらない。対流現象によって、水温の高い水が水面近くまで上がってくるから、凍ることがないのだ。

京都はどうして「洛」と呼ばれるの？

「洛中洛外」という言葉がある。京都で、洛中と洛外が地域的に分けられるようになったのは、16世紀末、豊臣秀吉が京都に「お土《ど》居《い》」

を築いてからのことである。

お土居とは、天下を統一した豊臣秀吉が、京都の周囲に巡らせた城壁のようなもの。鴨川以西の京都市街を土塁と堀で囲み、敵からの防衛と、鴨川の氾濫に備えたのである。総延長は約20キロ以上にもおよび、その内側を洛中、外側を洛外と定めたのである。

ただ、そもそも、京都の街が「洛」と呼ばれ始めたのは、平安時代のことである。

ご存じのように、平安京は唐の都・長安を模してつくられた。そのさい、唐では、西の長安を首都、東の洛陽を副都としていたため、平安京では、朱雀《すざく》大路の西側の右京を長安城、東側の左京を洛陽城に見立てた。

ところが、右京は湿地帯にあったために早くすたれ、左京の洛陽城のほうに人口が集中。洛陽城側だけが都市として発展したので、「洛陽」が京都の代名詞となった。

そこから、京都の町は「京洛」「洛都」などと「洛」の字をつけて呼ばれるようになり、京の都へ行くことを「入洛」というようになったのである。

「関の山」は何県にあるのか?

「彼の学力では、すべり止めに引っかかるのが〝関の山〟だ」といった使い方をするように、「関の山」とは精いっぱいの力の限界を意味するたとえ。

では、その「関の山」とは、いったいどこの山のことなのだろうか。一説には、三重県の鈴鹿峠近くにある東海道47番目の宿場町・関宿に由来するといわれる。ただし、ヤマはヤマでも、普通の山のことではない。

江戸も後期になると、多くの人が、お伊勢参りや観光で東海道を旅した。旧東海道に沿って東西に長い町を形成している関町は、宿場町として栄え、関神社の祭礼には大勢の見物人が訪れた。

しかし、道幅が狭かったことから、山車《だし》（ヤマともいう）で道がふさがれると、見物人は身動きできなくなり、旅人も足を止めて待たされることになった。

そこから、「もうこれ以上は無理」ということを「関のヤマ」というようになり、その言葉が旅人によって全国へ広がったという。

また、別の説では、曳かれる山車が豪華絢爛だったため、「もうこれ以上の山車はない」という意味で、「関の山」という言葉が生まれたともいう。

有馬温泉に「坊」のつく旅館が多いのは？

京阪神の人たちが、「温泉」と聞いて真っ先に思い浮かべるのは、有馬《ありま》温泉である。神戸市内にあって、市街からは電車かバスで約40分ほど、大阪からは1時間ちょっとで行くことができる。

昔から、鉄分を含んだ食塩泉は、胃腸病や皮膚病、神経痛、貧血などに効果があるといわれ、湯治場として親しまれてきた。

この温泉街を歩くと、「奥の坊」「中の坊」「上大坊」「角の坊」などと、「坊」という字のつく旅館が多いことに気づく。これは、鎌倉時代に、仁西《にんせい》上人が温泉を再発掘したときの名残りだという。

伝承によれば、平家の残党を引き連れて有馬に移住した仁西上人は、熊野権現のお告げによって温泉を掘った。このとき、薬師如来の一二神を表す一二坊舎を建てて浴舎とした。以降、この遺志を受け継ぎ、旅館の名は「何々坊」と名づけられるようになったといわれている。

のちに、有馬温泉を愛用した豊臣秀吉の建てた「御所坊」が、これに加わって一三坊となった。なかでも、もっとも由緒あるのが「北の坊」で、秀吉から「兵衛」という名称を賜り、現在でも続いている。

室町時代の「室町」って どこにある？

「奈良時代」といえば奈良に都があった時代、「鎌倉時代」といえば鎌倉に幕府があった時代をいう。

では、「室町時代」の幕府は、どこにあったのだろうか？

ご存じのように、室町幕府は京都に置かれていた。「室町」というのは、その京都にある一本の通りの名である。

室町幕府を開いた足利尊氏は、幕府の本拠地を下京《しもぎょう》と上京《かみぎょう》の中間に位置する三条坊門万里小路《までのこうじ》（現在の中京区、御池《おいけ》通と柳馬場《やなぎのばば》通）に置いた。そして、三代将軍足利義満が上京に移した。その建物の正門が室町小路に面していたので、幕府邸は「室町殿」と呼ばれるようになる。やがて、「室町殿」は、足利将軍そのものを表す呼び名にもなった。

つまり、「室町時代」という時代区分は、幕府邸と足利将軍の呼び名に由来する。

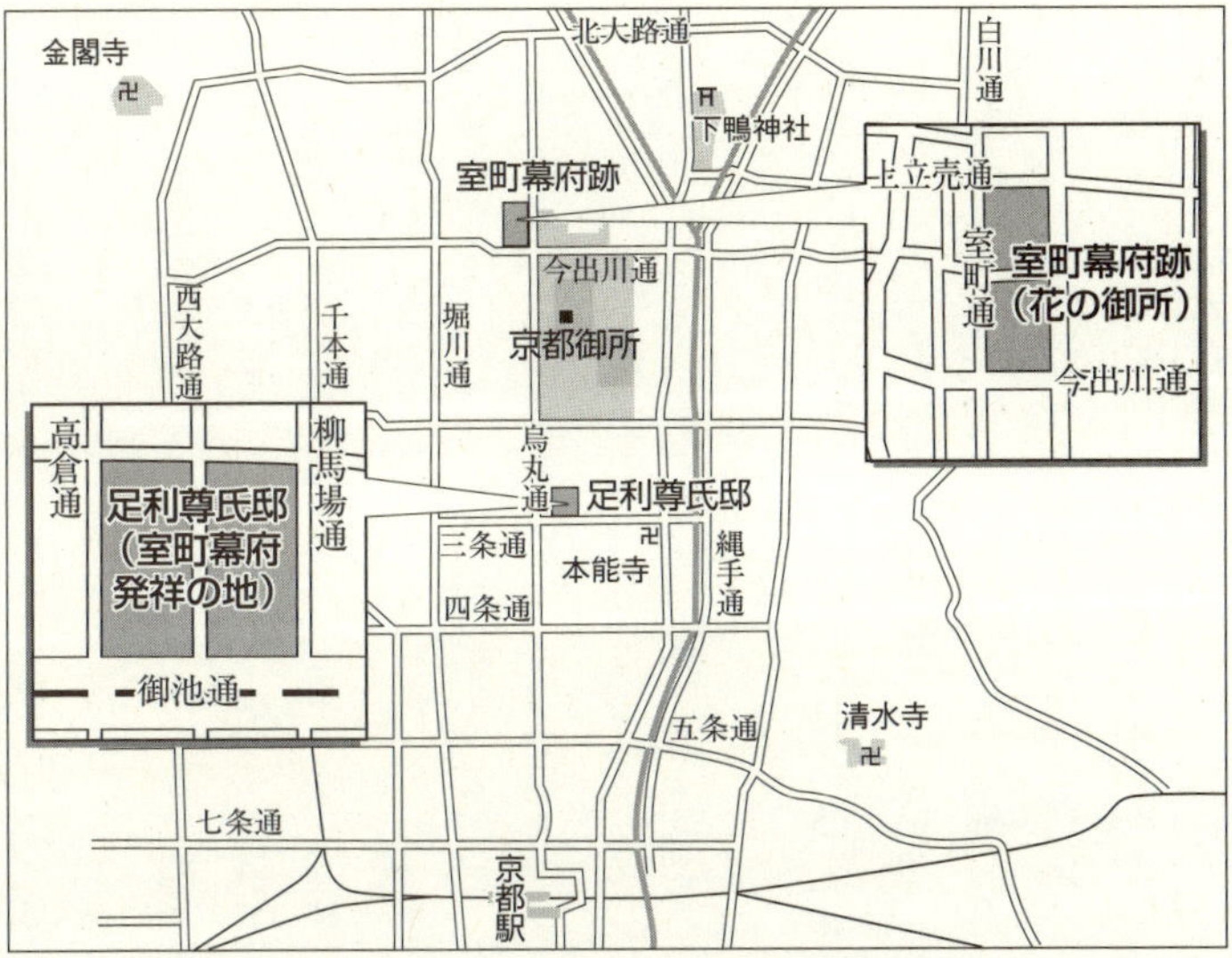

その室町殿は、現在の上京区烏丸今出川の北西にあたる場所にあった。しかし、その周辺を歩いても、辻の角に石柱がぽつんと立っているだけで、説明パネルもない。

能登半島に舞う〝波の花〟の謎とは？

冬の能登半島では、風物詩として有名な「波の花」という自然現象が見られる。シベリアおろしの冷たい季節風が吹き荒れるなか、波がせっけんのように泡立ち、強風にあおられて、花びらのように宙を舞うのである。

1月〜2月にかけて、輪島市の曽々木《そそぎ》海岸から仁江《にえ》海岸には多くの観光客が訪れるが、この波の花の正体は、植物性プランクトンの粘液である。

冬の日本海の荒波が、岩礁に激しくぶつかり、逆巻く中で、海中に漂う植物性プランクトンの粘液が激しくもまれる。すると、卵の白身が泡立つように、プランクトンの粘液も白い泡になってたまっていく。それが、強風であおられて、ふわりと舞い上がり、幻想的な世界を作り上げるというわけである。

そのため、気温が7℃以下、波の高さが4メートル以上、風速13メートル以上という気象条件がそろったときだけ、波の花は発生する。

地元では冬になると、波の花発生予報を出して、インターネットなどで発表している。

ちなみに、波の花は、最初のうちは純白だが、しだいに岩礁の粒などが混じって黄色くなっていく。服につくとシミになるので、見物するときには注意されたい。

大阪の「キタ」と「ミナミ」に境界はあるのか?

大阪では、「今度の休み、キタへ行こか」「ミナミに寄ってご飯食べよ」と、日常的に「キタ」と「ミナミ」という〝地名〟がつかわれている。

しかし、大阪の地図を探しても、そんな地名は見当たらない。一般的には、大阪の南北で栄える繁華街を指すが、かといって、「キタ」と「ミナミ」にはっきりとした境界があるわけでもない。

その昔、「ミナミ」と呼ばれたのは、道頓堀を中心とした花街あたりである。時代とともに、そのエリアは拡大し、今では心斎橋や難波まで含む意味でつかわれている。人によっては、天王寺や阿倍野あたりまで含める。

一方の「キタ」も、もとは梅田や福島、天満、曽根崎新地あたりを指した。しかし、国鉄（現ＪＲ）大阪駅や阪急電車、阪神電車の梅田駅が誕生し、デパートができると、梅田を中心とする商業地区が「キタ」と呼ばれるようになった。

その後、地下街や、地上40階建ての高層ビルの誕生などによって、「キタ」のエリアは今も拡大し続けている。

瀬戸が瀬戸物で栄えるようになったワケは？

「せともの」はもともと〝瀬戸産の焼き物〟という意味だったが、いつの間にか、産地にかかわらず陶磁器全体の代名詞になった。

瀬戸（現在の愛知県瀬戸市）での焼き物の歴史は古く、鎌倉時代には、すでに日本の陶磁器製造の中心地であり、現在も多数の窯《よう》業《ぎょう》工場を擁する日本一の窯業都市である。

瀬戸が陶磁器の町になったのは、もちろんこの地域の土質が関係している。鎌倉時代、日本の陶祖といわれる加藤藤四郎が、宋に渡って陶器の製作技術を学び、帰国後、土を求めて全国を歩き、理想の土を見つけたのが瀬戸だったと伝えられている。

一般に、陶器の材料になる陶土は、不純物の少ない白土で、粘り気があり、高温で焼いても形が崩れないことが条件とされる。この条件を満たすのは、水成粘土と残留粘土の二種類しかないが、この陶土に適した土が日本でもっとも豊富にとれるのが、瀬戸市から岐阜県多治見市にかけた丘陵地帯なのである。

中でも、花崗岩が風化して生成された粘土が堆積した「蛙目粘土《がいろめ》」と「木節粘土《きぶし》」が最良の陶土とされている。前者は粘土に石英が含まれ、後者は木片などの有機物が含まれている。こうした良質の陶土を用いることで、素焼きもせずに、釉薬《うわぐすり》をかけて直接高温で焼くという、他の陶土では真似のできない製法がとられている。

宇治が、茶の名産地になったワケは？

宇治と聞くと「お茶」をイメージするほど、宇治は茶の名産地として知られている。

現在でこそ、茶葉の生産量は、国内全体の約3～4％を占めるに過ぎないが、古くから高級茶産地の地位を築き、他の産地の栽培法や製茶法にも大きな影響を与えてきた。

日本茶の歴史は、鎌倉時代の初め、宋に留学した禅僧の栄西が、茶の木の種を持ち帰ったことに始まる。のちに、この種を京都栂尾《とがのお》高山寺の明恵《みょうえ》上人に分け与えたところ、自分で茶の木を栽培し、それを宇治に移植すると同時に、村人たちに、茶の種を馬のひづめの跡にまくなど、栽培のコツをこまごまと教えたという。

茶の栽培には、砂礫が多い土地が適するが、宇治の土地はそれにピッタリだった。加えて、川霧が立ち込め、湿度が高いのも幸いした。

南北朝時代になると、宇治茶は、有力守護の保護を得て急速に発展。室町時代以降は、足利義満や織田信長、豊臣秀吉らが、茶の湯に熱心だったため、良質のお茶がつくられるようになり、宇治茶は茶の代名詞となった。

江戸時代には、毎年、新茶の季節に、宇治茶を将軍に献上するためのお茶壺道中が行われ、大名も道を譲るほどの権威をもっていた。

要するに、宇治の茶栽培に適した土質、政治・文化の中心である京に近かったことが、宇治茶を有名にしたのだった。

その後、江戸中期、宇治の永谷宗七郎によって煎茶の製法が開発される。急須に茶を入れ、熱湯を注ぐだけで手軽に飲めるようになったため、宇治茶はますます有名になり、お茶といえば宇治茶というイメージが、公家や武士だけでなく、庶民にも広まっていった。

奈良の「明日香」と「飛鳥」は、どんな関係？

極色彩の壁画で知られる「高松塚古墳」、蘇我馬子《そがのうまこ》の墓と伝えられる「石舞台古墳」、蘇我蝦夷《えみし》、入鹿《いるか》親子の邸宅があったといわれる「甘樫丘《あまかしのおか》」……華やかな飛鳥時代を今に伝える、貴重な文化遺産のために整備された「国営飛鳥歴史公園」は、奈良県高市《たかいち》郡明日香村にある。

不思議なのは、公園名や最寄り駅の近鉄吉野線の駅名には、「飛鳥」という漢字がつかわれているのに、住所は「明日香村」となっているところである。そのため、飛鳥時代の壁画なのに、「明日香村の高松塚古墳」と説明されたりする。「飛鳥」と「明日香」は、どう違うのだろうか。

もともと、現在の明日香村は「飛鳥」という地名だった。そのため、この地域に宮廷や都があった時代を「飛鳥時代」という。５５８年、聖徳太子が法興寺（飛鳥寺）を建てたのも、この飛鳥だった。

ところが、それから、約1400年後の1956年（昭和31）、高市、阪合《さかあい》、飛鳥の三つの村が合併。新たな村名として「明日香村」が採用された。合併前の「飛鳥村」と区別するためだったが、それ以降、村名としては「明日香」と表記されている。

とはいえ、「明日香」はまったく新しく作られた地名ではない。『万葉集』に「采女の袖吹きかへす明日香風　都を遠みいたづらに吹く」と詠まれているように、昔からつかわれていた表記なのである。

「野口五郎岳」って、いったいどんな山？

富山県と長野県の境にある北アルプスの「野口五郎岳」。全国に「五郎」と名のつく山は、富山・岐阜県境の「黒部五郎岳」や長野県南佐久郡の「五郎山」など17もあるが、もっとも有名なのは、〝五郎系〟では最高峰でもあるこの「野口五郎岳」だ。

標高2924メートルもあるにもかかわらず、比較的楽に登れることや、往年のアイドル歌手と同じ名前であることから、とくに中高年の登山家に親しまれている。

「野口五郎岳」という名は、長野県側の麓に「野口」という地名があることに由来する。その集落から眺めると、花崗岩質の岩がゴロゴロしているため、「野口」と「ゴロゴロ」を合体して名づけられた。

〝同姓同名〟の歌手の芸名は、この山の名からつけられた。名づけ親となったレコード会社のディレクターが山好きで、「野口五郎と黒部五郎のどっちがいい？」と尋ね、本人が「野口五郎」を選んだという。

といえば、「新御三家」の1人とされた元アイドルにしては、地味な芸名だと思うかもしれないが、1971年（昭和46）に発売されたデビュー曲は『博多みれん』。野口五郎は、演歌歌手としてデビューしたのだった。

ジャンジャン横丁の「ジャンジャン」ってどういう意味？

大阪のシンボル通天閣周辺（大阪市浪速区恵美須東）は、庶民の街として知られるが、なかでももっとも庶民的な場所といえば、「ジャンジャン横丁」だろう。

通天閣の立つ新世界から、かつて遊郭のあった飛田新地へと通じる道で、全長180メートル。道幅は、2・5メートルとひじょうに狭い。両側には、立ち飲み屋、串カツ屋、ゲームセンター、将棋クラブなどがびっしりと並んでいる。若い女の子の姿はあまり見かけないが、地下足袋や下駄ばきのおっちゃんたちが、赤ら顔で歩いていたりする。

こうした庶民的な雰囲気に惹かれた作家の林芙美子は、この街を舞台に『めし』という小説を書いた。そんな街が、通称「ジャンジャン横丁」と呼ばれるのは、お客がジャンジャン入るようにというシャレではない。

この名は、1916年（大正7）、飛田遊郭ができたとき、三味線をジャンジャン鳴らして、お客を呼び込んだことに由来している。正式名は「南陽通商店街」だが、この名を知っている人は、まずいない。大阪人には「ジャン横」と略する人もいる。

⑤ 中国・四国・九州・沖縄地方

小豆をつくっていないのに、どうして「小豆島」？

香川県の小豆島は「オリーブの島」として知られているが、〝小豆《あずき》〟の名産地という話は聞かない。とくに小豆とかかわりのある島ではないのに、小豆島というのは、当て字で「小豆」と書くようになったからだ。

この島が歴史に初めて登場するのは、『古事記』の中。『古事記』に「阿豆枳辞摩《あずきじま》」という島の名が登場するのだ。これが現在の小豆島で、「あずきじま」という音にいつしか「小豆」という漢字が当てられ、「小豆島」となった。

本来、「あずきじま」の「あず」とは、崖の崩れやすい場所を示す古語。「あず」「あづ」「あぞ」などは、崖崩れなどの崩壊の危険のある場所を示す言葉で、「あずきじま」とは「崖崩れの多い島」という意味だったのだ。実際、小豆島では、台風や大雨のとき、土石流による災害が起こりやすい。

また、日本各地に「小豆沢」という地名があるが、これも由来は同様。小豆が取れる場所でなく、崩落の恐れがある危険な土地という意味だ。

上流から海水が流れてくる沖縄の川の仕組みは？

沖縄県の本部町《もとぶ》には、世界的に珍しい「塩川」という川がある。幅2～3メートルで、全長300メートルほどの小さな川だが、その名のとおり、上流から海水が流れてくるのである。

海面より高いところにあるのに海水が流れる川は、世界でも、この塩川とプエルトリコにある川だけと見られ、塩川は国の天然記念物に指定されている。

ただし、なぜ上流で海水が湧き出すかは、よくわかっていない。さまざまな説があるが、有力なのは次の二説である。

一つは、湧き水の出る石灰岩の下を、海水と真水の両方が流れていて、地下10メートルほどのところで、両者が合流。お互いの圧力が、ちょうど釣り合っているので、両者が混じり合って湧き出すのではないかという説。

二つめは、地下深くの岩盤に、無数の小さな孔が開いているため、海水が真水の地下水にまじる。さらに、潮の干満によって、その地下水が押し上げられて、海水が湧き出すのではないかという。

なお、この塩川には、川の動植物だけではなく、海の動植物も棲息している。

瀬戸内海を隔てた岡山と香川の県境が陸上にもあるワケは？

岡山県と香川県は、瀬戸内海に隔てられていて、県境は海の上にしかないように思える。ところが、陸地部分にも県境が存在している。瀬戸内海に浮かぶ島の中に、岡山県と香川県とに分かれている小島が二つあるのだ。

一つは、岡山県側から見た石島、香川県側から見た井島である。石島、井島は同じ島のことで、ともに「いしま」と読むが、漢字表記は異なる。

同じ島が二つの県に分かれているのは、島周辺がよい漁場だからである。

江戸時代、備前《びぜん》岡山藩の胸上村と、讃岐《さぬき》側の直島（幕府の天領）が、漁場を確保するため、この島の領有権をめぐって争った。その結果、島は二つに分けられ、境が決められた。その境が、廃藩置県後もずっと生きていたというわけだ。

県境があるもう一つの島は大槌島《おおつちじま》で、この島は岡山県玉野市と香川県高松市に分かれている。その理由は同様で、昔から好漁場のため、岡山側と香川側が領有権を争っていた。その結果、どちらの顔も立つよう、島を二つの県で分け合ったのだ。

「おおぼけ」「こぼけ」の駅名はどうやって決まった？

全国には、ユニークな駅名が数々あるが、

中でも珍名として知られるのが、徳島県土讃《どさん》線の「おおぼけ」駅。しかも、その隣が「こぼけ」駅というのだから、まるで漫才コンビのような駅名である。

しかし、これらの駅名、ウケを狙ってつけられたわけではない。

「おおぼけ」は漢字で「大歩危」と書き、「こぼけ」は「小歩危」と書く。それぞれ大また、小またで歩いては危険という意味なのである。また、「ボケ」には山間の断崖地という意味もある。

観光地としても有名な大歩危、小歩危は、吉野川沿いの峡谷である。両岸に、１００メートル級の山地が約20キロ続き、V字型の深い谷になっている。

春から初夏にかけてはツツジ、秋は紅葉の名所として知られ、剣山国定公園にも指定されている。

大歩危には奇岩、怪石が多く、足場の石の間隔は狭い。そこで、大またで歩いては、足を踏みはずす危険もある。一方の小歩危は、岩石の露出が少なく、石の間隔が広くなっているため、逆に小またで歩いては危険という意味なのである。

九州が「旱ばつ」と「雨」の両方に悩まされるのはなぜ？

九州では、今でも断水することが少なくない。そのため、日ごろから雨水をたくわえ、トイレの水としてつかっている建物もある。もちろん、旱ばつに見舞われて、水不足になることに備えているのである。

一方、九州では、梅雨時に集中豪雨に見舞

われ、崖崩れや床下浸水などの被害に遭うことも少なくない。

九州が、旱ばつと集中豪雨のダブルパンチに悩まされるのは、九州の地理的な位置が関係している。

まず旱ばつは、空梅雨のあと、夏型の気圧配置になったときに起きやすい。とくに、等圧線がクジラの尾のような形で、「鯨の尾型」とも呼ばれる南高北低型の気圧配置が現れると、要注意である。

これは、太平洋高気圧とチベット高気圧が同時に発達している証拠で、晴天が続きやすい。そのさい、九州は、大陸と太平洋の両方の高気圧に挟まれた形になってしまうからである。

反対に、集中豪雨に見舞われやすいのは、梅雨前線が、太平洋高気圧の影響で停滞したとき。東に太平洋高気圧があると、梅雨前線が停滞して雨の日が続く。

しかも、低気圧は西から東へと移動するので、降り始めの九州地方は、自然と雨量も多くなる。

つまり、梅雨前線が活発なまま停滞すれば、どしゃ降りが数日間続くことになり、集中豪雨になりやすいのである。

四万十川は海から山に向かって流れるというのは本当？

ふつう、河川は、山から海へ向って流れる。「日本最後の清流」といわれる四国の四万十《しまんと》川も、〝源流点〟のある「不入山《いらずやま》」（標高1336メートル）から、海のある南へと向かって流れている。

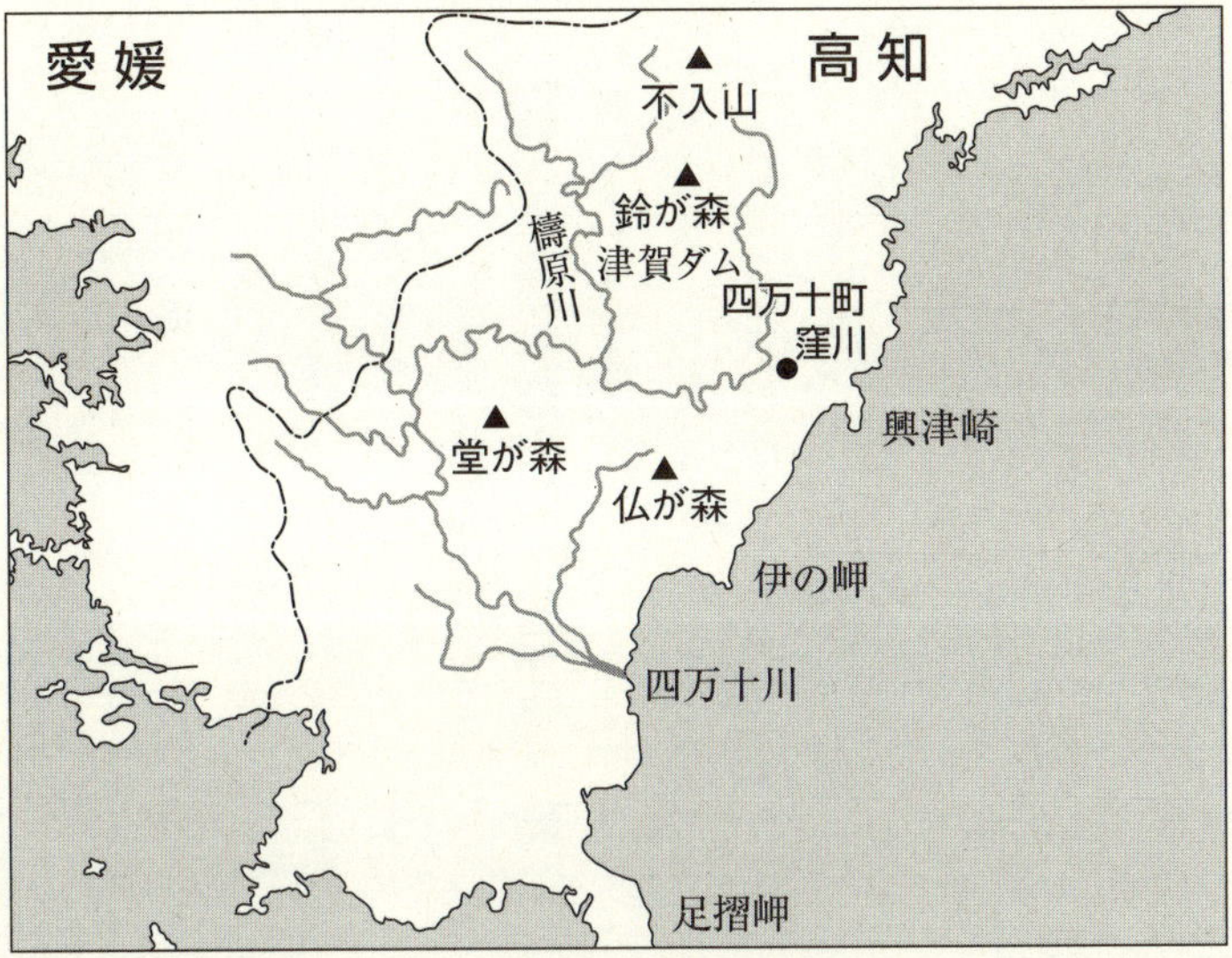

四万十町窪川付近で、海まで8キロとなるが山によって南下を阻まれると、クルッと向きを変えてしまう。なんと、海のあるほうではなく、山へ向かって流れる形になるのである。もちろん、最終的には海へたどり着くのだが、その途中で、海から山へ向って流れている部分があるのだ。

これは、四万十川の水の勢いが強いためだという。

そもそも、大昔の四万十川流域は、地形が平らで、高低差がほとんどなかった。四万十川は、できるだけ低いところを探すように、海へ向って流れていた。そのため、川は大きく蛇行し、途中で四国山地方向に流れる部分もできた。

やがて、四万十川流域も、だんだん土地が盛り上がり、山や丘ができた。

ふつうの川なら、その山や丘を避け、流れを変えるのだが、四万十川の流れは勢いが強く、もとの川筋のまま、山や丘を削りとりながら、流れ続けてきた。そのため、途中で海から山へ向って流れる現象が、今も見られるというわけである。

「亜熱帯気候なのに、雪が降る島」ってどこの島?

屋久島は、鹿児島市から約100キロ南にあり、気候区分でいうと「亜熱帯気候」に分類される。

ところが、亜熱帯にもかかわらず、冬になると、この島には雪が降る。その秘密は、島にそびえる多数の高山にある。

屋久島は、面積が503平方キロメートルと、東京23区ほどの大きさである。しかし、面積のわりに、「洋上のアルプス」と呼ばれるように高い山が多い。

標高1935メートルの宮之浦岳をはじめ、永田岳（1886メートル）、栗尾岳（1867メートル）など、1800メートル級の山だけでも七つある。

緯度が低いといっても、標高が高くなれば、当然ながら気温は低くなる。

実際、平野部の年間平均気温は20℃近くで、まさに亜熱帯気候なのだが、標高が上がるにつれて、気候は温帯から亜寒帯へと変わっていく。山間部では、冬になると雪が積もり、高山では5月ごろまで雪が残るというわけである。

しかも、屋久島は黒潮の流れる海に囲まれているため、湿気をたっぷり含んだ風が、山の斜面を上昇して雲となりやすい。降水量が多いため、冬には雪の量が多くなるのである。

「高知」の地名は何に由来するのか？

現在の高知県は、江戸時代には「土佐藩」と呼ばれていた。坂本龍馬を生み、倒幕の中心的役割を果たした土地である。

ところが、明治時代の廃藩置県によって、「高知県」へと改名された。この「高知」という地名は、何に由来するのだろうか。

現在の高知城は、土佐24万石の初代藩主、山内一豊によって築かれたが、その場所は、もともと「大高坂山」と呼ばれていた。

山内一豊は、入城にさいし、この「大高坂山」を「河中山」と改名し、「こうちやま」と呼ばせた。城の北側と南側を河が流れ、城下は土地の低い湿地帯だったからである。

しかし、たびたび水害に悩まされたため、二代藩主の山内忠義がこの名を嫌い、竹林寺の空鏡和尚に相談すると、和尚は「こうち」の読みはそのままにして、文殊菩薩の高い智恵にちなんで「高智」にすればいいと提案した。忠義もこれを気に入り、「高智山」とした。

これが、のちに「高知」と改められたというわけである。

不思議な火「不知火」はどんな時見られるの？

夏になると、熊本県南部の八代海《やつしろ》には、大勢の観光客がつめかける。お目当ては「不知《しらぬ》火《い》」である。

海上で、火の玉のような不気味な火がゆらぎ、消えてはまた現れる。

しかも、それが十数キロにわたって広がるのだから、八代海の不知火は、昔から神秘的な現象として知られてきた。

この不思議な火は、月のない夜の午前3時ごろ、大潮の干潮時によく見られるのだが、すでにその正体は「漁火《いさりび》」であることがわかっている。

午前3時ぐらいになると、遠浅の干拓部分の水温が下がり、沖合の水温とは3℃ほどの差ができる。

このとき、風が吹くと、近くの海域では、場所によって空気の密度が違ってくる。これがレンズの働きをして、沖の漁火が屈折。いくつもの火に分かれたり、一緒になって、明滅したりするというわけである。

大潮のときによく見えるのは、その時期、たくさんの漁船が沖合に出るからである。

熊本のおいしい水と阿蘇山の関係は?

大都市に住んでいる人が、地方へ行くと、たいてい「水がおいしい」という。カルキ臭い大都市の水道水に比べ、地方の水のほうがおいしいのも当然の話だが、地方の中でも、飛びきり水がうまいといわれているのが熊本市である。

実際、熊本には、「日本名水百選」に選ばれた水源が四カ所もある。

1896年（明治29）に、四国の松山中学校から第五高等学校（現熊本大学）に赴任してきた夏目漱石も、熊本の水のことを「湧くからに流るるからに春の水」と詠んでいる。

熊本の水がおいしいのは、ミネラル豊富な地下水を水源としているからだ。

昔から、阿蘇の外輪山やコニーデ式火山の金峰山、周辺台地に降った雨は、地下へ浸み込み、伏流水となって、熊本平野へと集まってきた。

しかも、伏流水が通過する地下深くには、阿蘇山の噴火で噴き出した火砕流堆積物が広く分布している。

それらの堆積物を通過することで、地下水には、たくさんのミネラルが含まれ、どんどん味がよくなるのである。

熊本では「水飲み会」という愛好会もあって、毎朝、水前寺公園にある出水神社の湧き水を飲むため、大勢の人が集まってくる。

どうして、「国東」半島と書いて、「くにさき」と読む？

瀬戸内海の周防灘《すおうなだ》に、ほぼ円形に突き出している大分県の国東《くにさき》半島。

奈良時代から平安時代にかけて仏教文化が栄え、今でも「み仏の里」として、磨崖仏などの観光名所がたくさん残っている。

しかし、なんの知識もない人が、いきなり「国東半島」という地名を見て、「くにさき」とは読めないだろう。

この珍しい地名は、第12代景行天皇の言葉に由来する。

記紀神話によれば、82年（景行12）、命令に背いた九州の熊襲《くまそ》を征伐するため、大和から天皇自らが西下。現在の山口県防府市から、瀬戸内海を九州へ向った。

このとき、前方に見えた半島を指して、景行天皇が「彼のみゆるは、けだし国の先ならん」といったという。

つまり、円形に突き出た半島が九州の先端に見えたのである。

そこから「国崎」という地名が生まれ、のちに豊後の東にあることから、「国東」という字が当てられるようになったとみられている。

対馬が二つの島に分かれた理由は?

対馬《つしま》は、福岡から約170キロ離れた海上にある。福岡から飛行機で約35分、フェリーで4時間半かかる。まさに韓国との国境近くに位置する島で、南北に細長く延びた対馬島と、百を超える小島からなる。対馬島は上島と下島の二つに分かれている。

ところが、かつて、この上島と下島は一つの島だった。以前は、浅茅湾《あそう》が深く入り込んだところで、細い地峡でつながっていたのである。

いいかえれば、島の東(日本側)から西(韓国側)へは、上島と下島の間の海を通って行くことはできなかったのだ。

そのため、昔は、その地峡を越えるため、船を引き上げて運んでいた。その名残は「船越」という地名に見ることができる。

そこで、1672年(寛文12)、対馬21代藩主宗義真が、大船越瀬戸を開かせた。地峡を切り崩して運河にしたのである。この瀬戸の開通によって、島の東へも西へも船を出せ

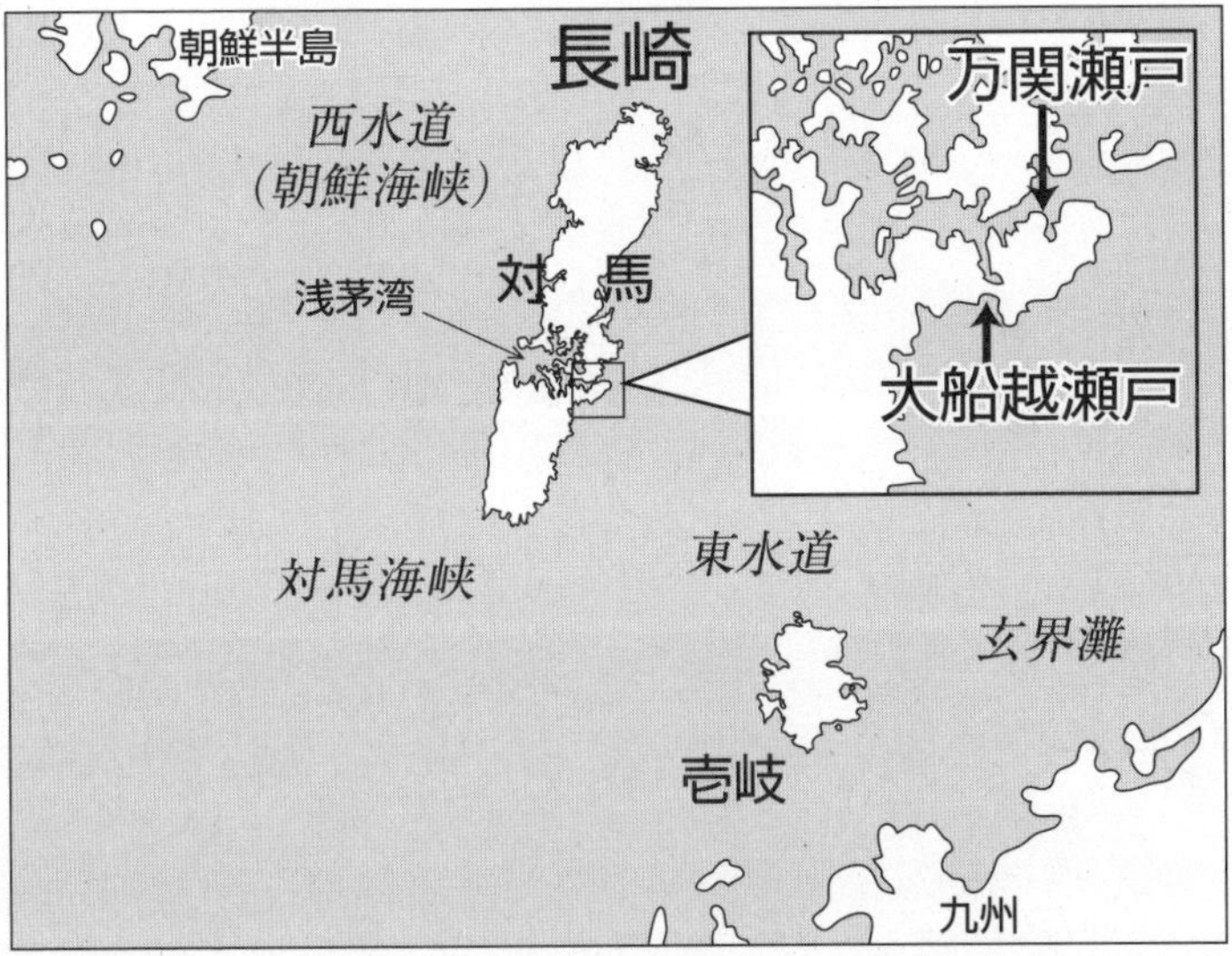

るようになったわけだ。

明治時代に入ると、対馬は軍事上の要地とされ、韓国側に開いた浅茅湾の竹敷浦に軍港が置かれた。だが、大船越瀬戸は浅くて、軍艦の通行ができなかった。

そのため、１９００年（明治33）、浅芽湾（浅海湾）の万関浦と対馬海峡側の久須保浦の間の地峡を削り、万関瀬戸《まんぜきせと》が開削されたのである。

なお、現在は、万関瀬戸にはアーチ型の万関橋が架けられ、上島と下島をつないでいる。

沖縄で、「織物」が発達したのはどうして？

沖縄本島の紅型《びんがた》、芭蕉布、久米島の紬《つむぎ》、宮古の宮古上布、石垣の八重山上布など、琉球列島は、別名「織物列島」と呼ばれるほど、さまざま織物が発達している。

琉球列島が織物の名産地になったのは、琉球王朝が薩摩《さつま》藩や江戸幕府に、貢納布として献上することを強要されてきたことが背景にある。

たとえば、江戸初期の1611年、薩摩藩にとらわれていた琉球王朝の尚寧王は、帰国を許されるのと引き換えに、大量の織物を納入するようにと命じられた。そのため、琉球では、織女が各地から集められ、ひたすら織物を織らされたのである。

しかも、貢納品なので、織り方が粗雑だと、織女たちは、織った布で体をしばられ、村中引きずりまわされたという。さらに、絵師の描く絵型と寸分違わぬものを織らせたため、女性たちは大変な苦労をしたという。

その貢納が約250年も続いたので、やがて琉球列島全体が織物の名産地となっていったというわけである。

「指宿」と書いて、なぜ「いぶすき」なのか?

薩摩半島の南のはずれに、「湯の町」として知られる指宿《いぶすき》市がある。

801カ所の源泉から噴き出す温泉はもちろん、砂にうずもれる砂風呂も楽しむことができる。薩摩の殿様や西郷隆盛らの休養地としても知られてきた。

でも、この地になじみのある人でなければ、「指宿」を「いぶすき」とは読めないだろう。普通に読めば、「ししゅく」とか「ゆびやど」となりそうだが、この「いぶすき」という地名は「ゆぶしゅく」から変化したもの。もとは「湯豊宿」と書き、湯の豊かな宿という意味だった。

地元には、こんな伝説が残っている。

7世紀末、九州を旅した天智天皇が、南端に到着したとき、「人の宿遠し」といって、この地の寂しさを嘆いたという。すると、案内役を務めていた九州の豪族が、「湯豊宿の地、近くにあり」と教え、温泉が大好きだった天皇は大いに喜んだ。

このエピソードにちなんで、「湯豊宿」という地名になったという。

実際、16世紀に建てられた石柱には「薩州湯豊宿郡」と刻まれている。

江戸時代には、薩摩藩主の島津家によって湯治場として開発され、「揖宿」と書いて「いぶすき」と読まれるようになり、のちに「指宿」と改められた。

なぜ、広島ではおいしいカキがとれる？

カキのメッカといえば、広島県だろう。なんと全国7割のシェアを占めている。

とりわけ、広島湾のカキは有名で、その味のよさで定評がある。

広島湾のカキがおいしいのは、その風土に理由がある。

第一の理由は、広島湾の注ぎ込む太田川の水にある。太田川は、中国山地の森の栄養を多く含んだまま、広島湾に流れ込む。そのため、広島湾では、カキのエサとなる植物プランクトンが豊富に育つ。

カキの成長は早く、半年から1年で、殻の

長さが5ミリ以下だったものが10センチにまで成長する。

それだけ早く成長するには、豊富な養分が必要で、植物プランクトンに恵まれた広島湾は、カキ養殖にはうってつけの海なのだ。

もう一つ、広島湾が遠浅で、入江の多い構造になっていることもある。マガキは、塩分の低いところのほうが育ちやすい。その点、遠浅で入江の多い広島湾は、塩分が比較的薄いため、マガキの成長に適しているのだ。

また、広島湾が島に囲まれ、波が穏やかなことも、カキの養殖に適した条件を満たしている。

日本でのカキ養殖は、室町末期、広島湾で始まった。

その長い歴史は、広島湾がいかにカキの生育に適しているかの証明でもある。

香川県に「天皇」という地名があったというのは本当か?

香川県坂出《さかいで》市の瀬戸内海を見渡す町には、かつて「天皇」という地名が存在した。

この地名の由来は、平安時代の末期にさかのぼる。1156年(保元元)に起きた「保元の乱」で、後白河天皇に敗れた崇徳《すとく》上皇は、京の都から讃岐国に流された。

坂出の港に着いた上皇は、まず綾高遠《あやのたかとお》の御堂に入り、三年間を過ごした。その後、居所を変え、書物を読んだり、写経をして過ごしたが、ついに都へ戻ることはなく、この地で生涯を閉じた。

この崇徳上皇にちなみ、帝が親しんだ地区には「天皇」という地名がつけられた。また、崇徳上皇の他の居場所にも、「新宮」や「別宮」という地名がついている。さらに、上皇の棺が安置された高照寺は、別名「天皇寺」と呼ばれている。

ただし、「天皇」という地名は、あまりに畏れおおいので、現在は、名所「八十八の霊泉」にちなんで「八十場《やそば》」と呼ばれている。

愛媛県のどこがみかん栽培に向いている？

愛媛県人の前で、「和歌山のみかんはうまい」などというのはタブーである。愛媛の人は憤慨するか、愛媛みかんのおいしさについてとうとうと語り始めるだろう。近くのスーパーへ、猛然と愛媛みかんを買いに走るという人もいるかもしれない。

それくらい、愛媛の人たちは、郷里のみかんに愛着と誇りを抱いている。

もともと、みかんの栽培には、年平均気温が15℃以上、冬の最低気温がマイナス5℃以下にならない温暖な土地が適している。愛媛県は、もちろんその条件をクリアしているが、それだけ温暖な場所なら、他の作物を栽培してもよさそうだ。

でも、愛媛県内の耕地面積の半分は樹園地となっている。

というのも、愛媛県は平地が少なく、山が多いから。おまけに、南予地方の急傾斜率は、日本一で、穀類や野菜をつくるには、段々畑にするほかなく、大変な手間がかかるのだ。それに比べ、果樹を栽培すれば、傾斜地ほど、樹木への日照が均一になるという利点がある。

そこで、愛媛では、みかん、伊予かんなどの栽培が奨励され、日本を代表する〝みかん処〟へと成長してきたのだ。

もっとも最近は、「みかんだけでは経営が苦しい」と、急傾斜地の多い南予以外では、ナス、タマネギ、ソラマメなどの栽培も積極的に行われている。

「韓国岳」は韓国と関係があるのか?

高千穂峰《たかちほのみね》、御鉢《おはち》、中岳、新燃岳《しんもいだけ》、獅子戸岳《ししど》といえば、宮崎県と鹿児島県の境に位置する霧島連山の山の名前だが、その中でも、もっとも高いのは標高1700メートルの韓国岳《からくにだけ》である。

標高1200メートルのえびの高原から、歩いて約1時間で山頂に登ることができるので、人気の観光スポットとなっている。

しかし、なぜ九州南部にあるのに、「韓国岳」と呼ばれるのだろうか。

由来は、頂上からの展望が、あまりにすばらしく、遠く韓国まで見渡せそうなので、この名前がついたといわれる。「韓国の見岳」の省略形だという。

たしかに、韓国岳は爆裂火口で、中腹から上には樹木がない。

さえぎるものがないので、頂上からは、南は鹿児島湾や桜島、北は噴煙たなびく阿蘇まで展望できる。

しかし、残念ながら、どんなに天気がよくても、韓国まで見えることはない。

距離を考えても、韓国を見ることは不可能だが、そのくらい遠いところまでよく見えるということを、この名でアピールしたかったのだろう。

広島と高知の両方に「安芸」の地名があるのはなぜ？

広島県の西半分の旧国名は「安芸《あき》」。その名は今にも残り、広島市内には安芸区があるし、県全体を見ても安芸高田市、安芸太田町と、安芸のつく地名が残されている。

この安芸、広島に固有のものかと思いきや、実は高知県にもある。高知県東部に安芸市、安芸郡があり、安芸市には安芸川も流れている。

もっとも、高知県の安芸と広島県の安芸には、なんの関係もない。ともに、その土地の事情から名がついただけで、互いに影響し合ったわけではない。

まず、広島県の安芸は、古代の神武天皇の遠征にちなむ名。

神武天皇の軍勢がこの地に駐屯したところから、「我君《あがきみ》」と呼ばれるようになった。それがいつしか「あき」となり、安芸の字が当てられたのである。

一方、高知県の安芸の場合、安芸氏という豪族がいたことにちなむ。

安芸氏は、室町時代から戦国時代にかけて勢力を伸ばし、今の安芸市に居城を置いていた。

だが、安芸氏は戦国大名の一角にまで成長するものの、同じ土佐の長宗我部氏に敗れて滅亡。

結局その名前だけが、地名として残ることになったのだ。

■参考文献

「日本列島なぞふしぎ旅」山本鉱太郎（新人物往来社）／「全国科学ゼミナール事典」西岡秀雄監修（三省堂）／「日本の地名」谷川健一（岩波書店）／「日本地図探検術」正井泰夫、中村和郎、山口裕一（ＰＨＰ）／「地図通になる本」立正大学マップの会（オーエス出版社）／「傑作日本列島入門」浅利佳一郎（はまの出版）／「京都雑学事典」毎日新聞社編（毎日新聞社）／「地図のことがわかる事典」田代博、星野彰編著（日本実業出版社）／「日本地理がわかる事典」浅井建爾（日本実業出版社）「日本の地名がわかる事典」浅井建爾（日本実業出版社）／「この一冊で東京の地理がわかる！」正井泰夫監修（三笠書房）／「楽しくて役に立つ地理と地図の本」向山洋一編、岩切洋一著（ＰＨＰ）／「あの県この県ビジネス攻略本」矢野新一（ビジネスアスキー）／「なしても北海道だべや」千石涼太郎（勁文社）／「県民性の日本地図」武光誠（文春新書）／「隣りの研究」毎日新聞地方部特報班（毎日新聞社）／「大阪学」大谷晃一（新潮文庫）／「都道府県ランキングくらしデータブック」朝日新聞社編（朝日新聞社）／「都道府県別データブック」読売新聞校閲部編（ＰＨＰ）／「東西学」吉本俊二（経営書院）／「大阪ものしり事典」創元社編集部編（創元社）／「雑学日本一だよ！長野県」加瀬清志（信濃毎日新聞社）／「あきた雑学ノート」読売新聞秋田支局編（無明舎）／「富山ものしり雑学大全」クイズ・フォーカス・イン取材班編（富山テレビ放送）／「現代かがわの基礎知識」かがわクイズ問題研究会（美巧社）／『民族世界地図』浅井信雄／『アメリカ50州を読む地図』浅井信雄／『世界紛争地図』松井茂／『宗教世界地図』石川純一（以上、新潮文庫）／『民族の世界地図』『地名の世界地図』『人名の世界地図』21世紀研究会編（以上、文春新書）／『世界謎と発見事典』三浦一郎監修（三省堂）／『世界の地名つれづれ紀行』辻原康夫（毎日新聞社）／『地図の遊び方』今尾恵介（新潮ＯＨ文庫）／『世界地図の読み方』高野孟（日本実業出版社）／『この一冊で世界の地理がわかる！』高橋伸夫編著（三笠書房）／『世界地理の雑学事典』辻原康夫（日本実業出版社）／『地球環境キーワード事典』環境庁地球環境部編集（中央法規）／『地図はこんなに面白い』ハイパープレス『世界地理なるほど雑学事典』世界博学倶楽部（以上、ＰＨＰ文庫）／『世界地理の恥をかかない雑学事典』草野仁（成美文庫）／『一冊で世界地理と日本地理をのみこむ』目崎茂和監修（東京書籍）／『世界不思議物語』『ミステリーゾーンに挑む』（リーダーズダイジェスト社）／『新聞に見る雑学のすすめ』東京新聞編（東京書籍）／『科学の奇妙な世界』Ｊ・アカンバーク（ＨＢＪ出版局）／『知恵蔵』（朝日新聞社）／朝日新聞／読売新聞／毎日新聞／日本経済新聞／ほか

●本書の第Ⅰ部は、二〇〇四年に小社より刊行された『ウラから読むとおもしろい世界地図』に新たな情報を加え、再編集したものです。第Ⅱ部は書き下ろしです。

編者紹介

おもしろ地理学会

「地理」の楽しみを知りつくしたメンバーのみによって構成されている研究グループ。

日本各地、世界各国を歩き、地図をひろげ、文献にあたり…といった作業を通じて、「地理」に関する様々な謎と秘密を掘り起こすことを無上の喜びとしている。

ベストセラー『世界で一番おもしろい地図帳』に続く第2弾がついに登場！

地形、国境線、海、川、山脈、駅…などなど裏のウラまで地図帳を楽しめること間違いなしの一冊である！

世界《せかい》で一番《いちばん》気《き》になる地図帳《ちずちょう》

2006年6月10日　第1刷
2010年7月31日　第10刷

編　者　おもしろ地理学会《ちりがっかい》

発行者　小澤源太郎

責任編集　株式会社プライム涌光
電話　編集部　03(3203)2850

発行所　株式会社青春出版社
東京都新宿区若松町12番1号〒162-0056
振替番号　00190-7-98602
電話　営業部　03(3207)1916

印刷・図書印刷株式会社　製本・ナショナル製本

万一、落丁、乱丁がありました節は、お取りかえします

ISBN4-413-00830-8 C0025